Leon Prado

Control Onírico
Manual del Viajero de los Sueños

Título original: *Oniric Control – The Dream Traveler's Manual*
Copyright © 2024/2025, publicado por Luiz Antonio dos Santos ME.
Este libro es una obra de no ficción que explora prácticas y conceptos en el campo de la conciencia onírica y el sueño lúcido. A través de un enfoque integral, el autor ofrece herramientas prácticas para desarrollar la lucidez durante el sueño, promover el autoconocimiento, estimular la creatividad y facilitar el crecimiento espiritual.
1ª Edición
Equipo de producción
Autor: Leon Prado
Editor: Luiz Santos
Portada: Studios Booklas / *Marco Elías*
Consultor: *Alejandro Navarro*
Investigadores: *Clara Vives / Tomás Belmonte / Julia Aranda*
Diagramación: *Esteban Corral*
Traducción: *Mariana Echeverría*

Publicación e Identificación
Control Onírico: Manual del Viajero de los Sueños
Booklas, 2025
Categorías: Psicología / Espiritualidad
DDC: 154.63 — **CDU:** 159.964.2

Todos los derechos reservados a:
Luiz Antonio dos Santos ME / Booklas
Ninguna parte de este libro puede ser reproducida, almacenada en un sistema de recuperación o transmitida por ningún medio —electrónico, mecánico, fotocopia, grabación o cualquier otro— sin la autorización previa y expresa del titular de los derechos de autor.

Sumário

Índice Sistemático 5
Prólogo 10
Capítulo 1   El Mundo de los Sueños... 14
Capítulo 2   La Naturaleza de la Conciencia Onírica.................. 21
Capítulo 3   Beneficios de Controlar los Sueños 26
Capítulo 4   Mitos y Realidades sobre los Sueños Lúcidos 32
Capítulo 5   El Sueño y los Ciclos de los Sueños 38
Capítulo 6   Cómo el Cerebro Crea los Sueños.......................... 43
Capítulo 7   La Ciencia del Sueño Lúcido 48
Capítulo 8   Sueños en la Historia y la Mitología 54
Capítulo 9   Incubación de Sueños en las Culturas Antiguas....... 60
Capítulo 10   Los Sueños en las Tradiciones Espirituales Orientales 65
Capítulo 11   Perspectivas Chamánicas e Indígenas sobre los Sueños 70
Capítulo 12   El Sueño Lúcido en la Era Moderna 77
Capítulo 13   Preparándose para la Travesía Onírica.................. 84
Capítulo 14   Manteniendo un Diario de Sueños 90
Capítulo 15   Mejorando el Recuerdo de los Sueños 95
Capítulo 16   Señales de los Sueños y Patrones Personales....... 100
Capítulo 17   Pruebas de Realidad 106
Capítulo 18   Incubación e Intención Onírica 111
Capítulo 19   Inducción Mnemónica del Sueño Lúcido............. 116
Capítulo 20   Técnica WBTB.. 121
Capítulo 21   Inducción con Despertar Consciente................... 126

Capítulo 22 Otras Técnicas y Herramientas de Inducción........ 132
Capítulo 23 La Primera Experiencia de Sueño Lúcido............. 138
Capítulo 24 Manteniéndose Lúcido 144
Capítulo 25 Navegación y Control del Entorno Onírico.......... 149
Capítulo 26 Transformando Miedos 155
Capítulo 27 Sanación y Crecimiento Personal........................ 160
Capítulo 28 Creatividad y Solución de Problemas 165
Capítulo 29 Exploración Espiritual en los Sueños................... 170
Capítulo 30 El Yoga del Sueño Tibetano en la Práctica 175
Capítulo 31 Experiencias Fuera del Cuerpo 181
Capítulo 32 Integrando Sueño y Realidad 187
Capítulo 33 Dominio de los Sueños y Próximos Pasos 192
Epílogo 197

Índice Sistemático

Capítulo 1: El Mundo de los Sueños - Explora la historia de la humanidad con los sueños, desde interpretaciones antiguas hasta la ciencia moderna, y presenta el concepto de sueño lúcido como una habilidad entrenable.

Capítulo 2: La Naturaleza de la Conciencia Onírica - Analiza la diferencia entre la conciencia despierta y la conciencia onírica, explicando cómo se manifiesta la lucidez en los sueños y cómo se puede entrenar.

Capítulo 3: Beneficios de Controlar los Sueños - Detalla los beneficios del sueño lúcido, incluyendo la superación de pesadillas, el estímulo de la creatividad, el autoconocimiento, la experiencia de libertad y la mejora del descanso.

Capítulo 4: Mitos y Realidades sobre los Sueños Lúcidos - Desmistifica creencias erróneas sobre los sueños lúcidos, separando la realidad de la ficción y abordando temas como el peligro físico, el control absoluto y la accesibilidad de esta habilidad.

Capítulo 5: El Sueño y los Ciclos de los Sueños - Explica las fases del sueño, la importancia del sueño REM y cómo el conocimiento de los ciclos del sueño puede utilizarse para inducir sueños lúcidos.

Capítulo 6: Cómo el Cerebro Crea los Sueños - Describe los procesos cerebrales involucrados en la creación de los sueños, incluyendo la actividad de la amígdala, el hipocampo y la corteza prefrontal.

Capítulo 7: La Ciencia del Sueño Lúcido - Presenta las evidencias científicas que validan la existencia del sueño lúcido, desde los primeros experimentos con movimientos oculares hasta los estudios modernos de neuroimagen.

Capítulo 8: Sueños en la Historia y la Mitología - Recorre la historia de la interpretación de los sueños en diferentes culturas, desde los sumerios y egipcios hasta los griegos, romanos y tradiciones orientales.

Capítulo 9: Incubación de Sueños en las Culturas Antiguas - Explora las prácticas de incubación de sueños en civilizaciones antiguas, como Grecia, Egipto y Mesopotamia, donde se buscaba orientación espiritual y curas a través de los sueños.

Capítulo 10: Los Sueños en las Tradiciones Espirituales Orientales - Aborda la visión de los sueños en el budismo tibetano, el hinduismo, el taoísmo y el zen-budismo, donde se les considera herramientas para el despertar espiritual y la comprensión de la verdadera naturaleza de la realidad.

Capítulo 11: Perspectivas Chamánicas e Indígenas sobre los Sueños - Examina el papel de los sueños en las culturas chamánicas e indígenas, donde se les ve como portales a dimensiones espirituales y herramientas de comunicación con ancestros y espíritus.

Capítulo 12: El Sueño Lúcido en la Era Moderna - Aborda la evolución del estudio de los sueños lúcidos, desde sus inicios hasta las investigaciones científicas actuales y su aplicación en el desarrollo personal y terapéutico.

Capítulo 13: Preparándose para la Travesía Onírica - Ofrece orientaciones sobre cómo preparar el ambiente, desarrollar hábitos saludables y cultivar una mentalidad propicia para la inducción de sueños lúcidos.

Capítulo 14: Manteniendo un Diario de Sueños - Detalla la importancia de llevar un diario de sueños para mejorar la memoria onírica, identificar patrones y facilitar la inducción de sueños lúcidos.

Capítulo 15: Mejorando el Recuerdo de los Sueños - Presenta técnicas para mejorar la memoria onírica, como la intención de recordar, el despertar consciente, el uso de un diario de sueños y la atención a la calidad del sueño.

Capítulo 16: Señales de los Sueños y Patrones Personales - Explora la identificación de señales recurrentes en los sueños como una forma de inducir la lucidez, clasificando estas señales y explicando cómo reconocerlas.

Capítulo 17: Pruebas de Realidad - Describe la técnica de realizar pruebas de realidad durante el día para aumentar la conciencia y facilitar el reconocimiento del estado onírico durante los sueños.

Capítulo 18: Incubación e Intención Onírica - Explora la técnica de incubación de sueños, que utiliza la intención y el enfoque consciente antes de dormir para influir en el contenido de los sueños.

Capítulo 19: Inducción Mnemónica del Sueño Lúcido - Detalla la técnica MILD (Mnemonic Induction of Lucid Dreams), que utiliza la memoria prospectiva y la repetición mental para programar la mente para reconocer el estado onírico.

Capítulo 20: Técnica WBTB - Explica la técnica WBTB (Wake Back to Bed), que se basa en interrumpir el sueño y volver a dormir en un momento estratégico para aumentar las posibilidades de lucidez.

Capítulo 21: Inducción con Despertar Consciente - Describe la técnica de entrar en el sueño lúcido directamente desde la vigilia, manteniendo la conciencia durante la transición al estado onírico.

Capítulo 22: Otras Técnicas y Herramientas de Inducción - Presenta técnicas y herramientas alternativas para inducir sueños lúcidos, incluyendo estímulos sensoriales, prácticas meditativas, ajustes en la rutina, tecnología y suplementos.

Capítulo 23: La Primera Experiencia de Sueño Lúcido - Describe las emociones y desafíos de la primera experiencia de sueño lúcido y ofrece estrategias para mantener y prolongar este estado.

Capítulo 24: Manteniéndose Lúcido - Presenta técnicas para mantener la lucidez dentro de un sueño, incluyendo el control emocional, el involucramiento sensorial y estrategias de estabilización.

Capítulo 25: Navegación y Control del Entorno Onírico - Explora la capacidad de moverse y modificar el entorno dentro de un sueño lúcido, desde la locomoción hasta la transformación completa del escenario.

Capítulo 26: Transformando Miedos - Aborda el uso del sueño lúcido para enfrentar y transformar miedos y pesadillas, permitiendo al soñador resignificar estas experiencias y promover la sanación emocional.

Capítulo 27: Sanación y Crecimiento Personal - Explora el uso de los sueños lúcidos como herramienta para la sanación emocional, el autoconocimiento, el fortalecimiento de la resiliencia y el crecimiento personal.

Capítulo 28: Creatividad y Solución de Problemas - Aborda el potencial de los sueños lúcidos para estimular la creatividad, solucionar problemas complejos y perfeccionar habilidades.

Capítulo 29: Exploración Espiritual en los Sueños - Aborda la visión de los sueños como portales a dimensiones profundas de la conciencia y herramientas para el crecimiento espiritual.

Prólogo

No hay palabras para describir la sensación de controlar los sueños. Solo aquellos que lo han experimentado lo saben. Solo aquellos que se han atrevido a abrir los ojos dentro de su propia mente comprenden la magnitud de este poder. Todos estamos encadenados a una única realidad, o al menos eso nos han hecho creer. Pero, ¿y si hubiera otro camino? ¿Un portal oculto entre el adormecerse y el despertar, una puerta secreta que conduce a un universo donde todo es posible?

La mente humana, ese enigma insondable, opera bajo reglas que pocos comprenden. Durante el estado de vigilia, somos prisioneros de la lógica, rehenes de la gravedad, sometidos a las leyes inmutables de la materia. Pero cuando los ojos se cierran y nos sumergimos en los sueños, las cadenas se rompen. Allí, el tiempo es maleable. El espacio se dobla. La identidad se disuelve. Sin embargo, la mayoría de las personas atraviesa esta travesía como un náufrago a la deriva, inconsciente de su propia capacidad de tomar el timón y dirigir su embarcación.

La cuestión central no es si es posible despertar dentro del sueño, sino por qué aún no nos han enseñado esto. Las tradiciones antiguas conocían este secreto.

Chamanes, monjes tibetanos, sacerdotes egipcios y místicos de todas las eras comprendieron que los sueños son más que proyecciones aleatorias de la mente: son mapas hacia otras dimensiones de la conciencia. Hace milenios, se desarrollaron técnicas para atravesar el velo del inconsciente y conquistar la lucidez dentro de los propios sueños. Este conocimiento fue transmitido como un secreto guardado bajo siete llaves, pero ha llegado hasta nosotros. Y está ante ti ahora.

La mayoría de los soñadores son controlados por sus propios sueños. Se sumergen en escenarios bizarros, reviven memorias distorsionadas, enfrentan pesadillas y despiertan sudorosos, sin darse cuenta de que podrían haber transformado cada uno de esos momentos. La pesadilla abrumadora que acelera el corazón puede ser transmutada en éxtasis. El monstruo que persigue puede arrodillarse como un maestro en reverencia. El abismo que se abre bajo los pies puede convertirse en la experiencia suprema de libertad: volar. La clave para esta transmutación reside en el dominio de la mente onírica.

¿Has sentido alguna vez esa súbita claridad dentro de un sueño? ¿Un destello de conciencia en el que te diste cuenta, aunque fuera por un breve instante, de que nada allí era real? ¿Ese momento fugaz, en el que casi lograste dirigir los acontecimientos, pero pronto te perdiste en la niebla del inconsciente? Esa sensación no tiene por qué ser un accidente. Puede ser cultivada, entrenada, perfeccionada hasta convertirse en un estado natural.

Y cuando eso sucede, lo que antes era solo un escenario confuso se convierte en un vasto territorio por explorar. Cada puerta puede llevar a un nuevo universo. Cada pensamiento puede moldear el paisaje. Puedes volar sobre montañas infinitas, crear ciudades enteras con la fuerza de la imaginación, conversar con sabios ancestrales o atravesar los límites de lo posible. Dentro del sueño lúcido, no hay barreras. Solo hay voluntad, y lo que esta puede manifestar.

Pero el verdadero poder del control onírico va más allá de la euforia de volar o crear mundos. Toca algo más profundo. La mente subconsciente, ese gran arquitecto de la realidad, opera silenciosamente, influyendo en cada pensamiento, cada elección, cada emoción. Los sueños son su lenguaje. Al comprenderlo, no solo desbloqueas el universo onírico, sino que reescribes tu propia realidad despierta. Como una piedra lanzada a un lago, los cambios realizados en el mundo de los sueños reverberan, moldeando tu mente, tus percepciones y, finalmente, tu propia vida.

La ciencia moderna comienza a confirmar lo que los antiguos ya sabían: al aprender a ser lúcido en los sueños, expandes tu autoconciencia, fortaleces la creatividad, mejoras tu capacidad para resolver problemas y accedes a capas más profundas de la psique. Lo que aprendes dentro del sueño no se queda solo en el sueño. Se traduce en claridad mental, equilibrio emocional y una nueva perspectiva sobre el mundo despierto.

¿Estás listo para cruzar este umbral?

Esta obra no es solo un manual. Es una invitación al viaje más extraordinario que un ser humano puede emprender: la exploración consciente de su propia mente. El camino ha sido trazado. Las llaves están aquí. El conocimiento ancestral, ahora respaldado por la ciencia, aguarda a aquel que desea despertar.

La pregunta ahora no es si los sueños pueden ser controlados, la pregunta es: ¿estás listo para asumir ese control?

Luiz Santos Editor

Capítulo 1
El Mundo de los Sueños

La relación de la humanidad con los sueños atraviesa los siglos, mezclando misterio, fascinación y una búsqueda incesante de comprensión. En todas las épocas y culturas, los sueños han sido interpretados de diversas maneras: como mensajes divinos, manifestaciones del inconsciente o incluso portales a otras realidades. Hoy, la ciencia ha avanzado significativamente en su intento de descifrar este fenómeno, pero, incluso con toda la tecnología y el conocimiento acumulado, los sueños continúan guardando secretos insondables. Más que meras proyecciones aleatorias de la mente dormida, representan un estado de conciencia que desafía la lógica de la vigilia, creando escenarios, emociones y experiencias que a menudo parecen tan reales como la propia realidad despierta.

Entre estos misterios, uno de los más intrigantes es la posibilidad de volverse consciente dentro del propio sueño. Esta experiencia, llamada sueño lúcido, no se limita a un fenómeno esporádico o aleatorio, sino a una habilidad que puede ser cultivada y mejorada. Cuando un soñador se da cuenta de que está dentro de un sueño, adquiere un nivel de control que le permite explorar este universo interno con libertad e intención. Esto significa no solo reconocer el sueño como un estado alternativo de la mente, sino también interactuar activamente con él, transformando escenarios, experimentando sensaciones imposibles en el mundo despierto e incluso buscando respuestas a cuestiones personales profundas. Lo que antes se consideraba un fenómeno raro o restringido a unos pocos individuos ahora es ampliamente estudiado y accesible a cualquier persona dispuesta a entrenar su mente para alcanzar esta forma de conciencia.

La exploración de los sueños lúcidos abre puertas a un vasto campo de posibilidades, desde el autoconocimiento hasta la creatividad y el crecimiento espiritual. Algunas culturas antiguas ya reconocían esta práctica como una herramienta poderosa, mientras que la ciencia moderna comienza a desvelar los mecanismos cerebrales que hacen posible esta experiencia. Comprender los sueños no es solo un ejercicio intelectual, sino un viaje hacia el dominio de la propia mente. La capacidad de despertar dentro del sueño, de percibir que todo allí es fruto de la propia imaginación y, aun así, ser capaz de vivirlo plenamente, desafía las barreras entre lo real y lo ilusorio. El estudio y la práctica de los sueños lúcidos no solo proporcionan experiencias fascinantes, sino que también ayudan a expandir los límites de la conciencia humana, permitiendo que el soñador se convierta en el arquitecto de su propio universo onírico.

Imagina, por un momento, estar dentro de un sueño y saber que estás soñando. Saber que nada a tu alrededor es real en el sentido físico, pero que puedes interactuar, transformar escenarios e incluso volar si lo deseas. Esta experiencia, conocida como sueño lúcido, no solo es posible, es una habilidad entrenable.

En este libro, exploraremos profundamente cómo desarrollar esta capacidad, pero antes, es esencial entender por qué soñamos y cómo diferentes culturas han percibido los sueños a lo largo de la historia. El objetivo de este capítulo es abrir las puertas a este viaje, mostrando que dominar los propios sueños puede ser más que un mero pasatiempo: puede ser una herramienta poderosa para el autoconocimiento, la creatividad e incluso el crecimiento espiritual.

¿Qué son los sueños?

Soñar es una experiencia universal. Todas las noches, nuestra mente crea historias vívidas, a menudo absurdas, y nos transporta a realidades donde las leyes de la física y la lógica se vuelven maleables. Pero, ¿qué es exactamente un sueño?

Desde la perspectiva neurocientífica, los sueños son productos de la actividad cerebral durante el sueño, especialmente en la fase REM (Movimiento Rápido de los Ojos). En este estado, áreas del cerebro asociadas a la emoción y la memoria se vuelven altamente activas, mientras que la parte responsable del pensamiento lógico, el córtex prefrontal, reduce su actividad. Esto explica por qué aceptamos situaciones ilógicas como normales dentro de los sueños.

Por otro lado, en diversas culturas, los sueños han sido vistos como mensajes divinos, viajes espirituales o portales a otros planos de la existencia. Para los antiguos egipcios, eran mensajes de los dioses. Para los griegos, un medio de predecir el futuro. Para los chamanes, un puente entre el mundo físico y el espiritual.

Independientemente del enfoque, el hecho es que los sueños tienen un impacto significativo en la psique humana. Reflejan miedos, deseos y aspectos inconscientes de la mente. Y cuando logramos darnos cuenta de que estamos soñando, adquiriendo lucidez onírica, pasamos a interactuar conscientemente con este universo, en lugar de simplemente ser llevados por él.

La idea de controlar los propios sueños puede parecer demasiado fantástica para algunos, pero los estudios indican que aproximadamente el 50% de las personas han tenido al menos un sueño lúcido espontáneo. Esto significa que esta experiencia no es algo raro o inalcanzable, sino una extensión natural de la conciencia humana.

Si el cerebro ya tiene esta capacidad de darse cuenta de que está soñando de forma ocasional, ¿qué impide que alguien aprenda a hacerlo deliberadamente? La respuesta está en el entrenamiento. Así como aprender un nuevo idioma o tocar un instrumento, la lucidez onírica puede ser desarrollada con práctica y técnicas adecuadas.

Antes de entrar en esas técnicas, que serán abordadas en los próximos capítulos, es fundamental preparar la mente. El primer cambio de perspectiva es darse cuenta de que los sueños no son solo ilusiones pasajeras, sino un estado legítimo de la conciencia. Así como vivimos nuestras horas de vigilia con atención e intención, podemos también "despertar" dentro de los sueños y tomar las riendas de la experiencia.

Este cambio de mentalidad es esencial, ya que muchas personas tratan los sueños como algo irrelevante, olvidándose de ellos al despertar. Pero aquellos que desarrollan la habilidad de recordar, analizar e interactuar con sus sueños descubren un nuevo mundo de posibilidades.

La búsqueda de la comprensión de los sueños no es reciente. Desde tiempos inmemoriales, diferentes civilizaciones han reconocido su importancia. Los sumerios, la primera gran civilización de la historia, ya registraban sueños en tablillas de arcilla hace más de 4.000 años. Los antiguos egipcios tenían sacerdotes especializados en la interpretación de los sueños, creyendo que traían mensajes de los dioses.

En la Antigua Grecia, templos de curación conocidos como "incubatorios de sueños" eran lugares donde las personas dormían con la esperanza de recibir revelaciones divinas. Aristóteles fue uno de los primeros en sugerir que los sueños podrían ser generados por la mente, y no solo enviados por entidades superiores.

En la tradición budista tibetana, la práctica del "Yoga de los Sueños" enseña que reconocer la ilusión de los sueños puede ayudar a percibir la ilusión de la realidad, promoviendo un estado de conciencia más elevado.

A lo largo de los siglos, esta dualidad entre la visión mística y científica de los sueños ha persistido. Pero con el avance de la neurociencia, muchas de las antiguas creencias han comenzado a encontrar respaldo en la ciencia. Hoy, sabemos que los sueños tienen funciones esenciales para la mente, como consolidar recuerdos, procesar emociones e incluso simular escenarios futuros.

La capacidad de ser consciente dentro de un sueño no es solo una curiosidad científica o un truco mental, puede traer beneficios reales.

Superación de pesadillas: Las pesadillas pueden ser experiencias angustiantes, pero en un sueño lúcido, el soñador puede enfrentarlas sin miedo, ya que sabe que nada allí puede hacerle daño. Esto puede ayudar a superar traumas y ansiedad.

Estímulo de la creatividad: Muchos artistas, escritores e inventores relatan haber tenido ideas innovadoras en sueños. Salvador Dalí, por ejemplo, usaba técnicas para capturar imágenes oníricas e incorporarlas a su arte. En los sueños lúcidos, esta exploración creativa se vuelve aún más poderosa.

Autoconocimiento: Los sueños reflejan contenidos profundos de la mente. Al interactuar conscientemente con ellos, podemos explorar aspectos de nuestro yo interior, comprender emociones reprimidas y obtener *insights* sobre nuestra vida.

Experiencia de libertad: Dentro de un sueño lúcido, las leyes de la física no se aplican. Podemos volar, atravesar paredes, visitar lugares exóticos y crear mundos enteros a nuestra voluntad. Es una experiencia de libertad absoluta.

Mejora del Descanso: Contradiciendo lo que algunos puedan pensar, entrenar los sueños lúcidos no perjudica el descanso, puede incluso mejorarlo. Estudios demuestran que los soñadores lúcidos desarrollan una relación mas positiva con el sueño, reduciendo la incidencia de pesadillas y promoviendo un descanso más reparador.

Este libro no solo enseñará cómo inducir sueños lúcidos, sino que también mostrará cómo usarlos de la mejor forma posible. Exploraremos desde los fundamentos del sueño y la conciencia hasta técnicas prácticas para alcanzar la lucidez, estabilizarla y aprovechar al máximo cada experiencia onírica.

En los próximos capítulos, profundizaremos en la naturaleza de la conciencia onírica, comprenderemos la diferencia entre sueño común y sueño lúcido, y veremos cómo la ciencia comprueba este fenómeno.

El viaje que comienza aquí no es solo sobre controlar los sueños, es sobre expandir la conciencia y descubrir que hay mucho más en el universo de la mente de lo que imaginamos.

Si alguna vez has soñado que estabas volando, explorando tierras desconocidas o conversando con figuras misteriosas, tal vez hayas sentido un atisbo del potencial ilimitado que ofrecen los sueños. Ahora, imagina poder hacer eso conscientemente, siempre que lo desees.

Capítulo 2
La Naturaleza de la Conciencia Onírica

Para comprender lo que significa estar consciente dentro de un sueño, primero necesitamos entender qué es la conciencia en sí misma. Durante la vigilia, estamos acostumbrados a percibir el mundo de manera continua, analizando información, tomando decisiones y reflexionando sobre nuestra propia existencia. Sin embargo, cuando dormimos, esa claridad desaparece, y la mente se entrega a narrativas oníricas que aceptamos sin cuestionar, por más absurdas que sean.

La conciencia onírica es diferente de la conciencia despierta. En un sueño común, seguimos el flujo de los acontecimientos sin darnos cuenta de que estamos soñando. El escenario puede cambiar súbitamente, los personajes pueden aparecer de la nada, el tiempo puede distorsionarse... y aun así, nuestra mente lo acepta todo como normal. Esto sucede porque, en el estado de sueño, el cerebro opera de manera distinta. El córtex prefrontal, responsable del pensamiento crítico y el razonamiento lógico, reduce su actividad, mientras que las áreas asociadas a la emoción y la memoria se vuelven más activas. Esto hace que el sueño parezca real e inmersivo, pero también explica por qué rara vez cuestionamos su veracidad mientras estamos dentro de él.

Cuando hablamos de sueños lúcidos, hablamos de un fenómeno que ocurre cuando la parte crítica del cerebro vuelve a funcionar dentro del propio sueño. De repente, el soñador percibe la ilusión y recupera la capacidad de cuestionar lo que ve a su alrededor. Este despertar interno no significa necesariamente control total de la experiencia onírica, pero es el primer paso. Es posible estar lúcido dentro de un sueño y aun así no conseguir moldearlo con facilidad. En muchos casos, la persona se da cuenta de que está soñando, pero continúa siendo llevada por la trama del sueño, sin intervenir activamente.

La experiencia de la lucidez varía de persona a persona. Algunas relatan un súbito momento de claridad, como si se levantara un velo, mientras que otras entran en un estado de lucidez gradual, donde la irrealidad del sueño se vuelve cada vez más evidente. Independientemente del camino, lo importante es reconocer que el simple hecho de estar consciente dentro del sueño ya cambia completamente la experiencia. El soñador deja de ser un espectador pasivo y pasa a ser un participante activo.

Las investigaciones muestran que cerca de la mitad de la población ha tenido al menos un sueño lúcido espontáneo en su vida. Esto sugiere que la conciencia onírica no es una habilidad rara, sino una extensión natural de la mente humana. Sin embargo, la frecuencia de estos sueños varía mucho de persona a persona. Algunas los tienen regularmente, mientras que otras solo los experimentan ocasionalmente. La buena noticia es que, con práctica y técnicas adecuadas, cualquiera puede aprender a inducir sueños lúcidos con más frecuencia.

La distinción entre un sueño común y un sueño lúcido puede parecer clara en la teoría, pero en la práctica, la línea entre ambos estados no siempre es tan definida. Hay momentos en que un soñador puede tener una vaga noción de que está soñando, pero sin la claridad total para actuar con intención. Otras veces, la lucidez puede durar solo unos segundos antes de que la persona vuelva a perderse en la narrativa del sueño.

El cerebro humano es altamente plástico, y el entrenamiento de la lucidez onírica sigue principios similares al desarrollo de cualquier otra habilidad mental. Así como podemos entrenar la memoria o la atención plena, podemos entrenar la mente para reconocer patrones en los sueños y despertar dentro de ellos. Para ello, es fundamental comenzar a prestar más atención a la propia actividad onírica. Mantener un diario de sueños, por ejemplo, es una de las primeras etapas del proceso. Al registrar los sueños regularmente, el cerebro empieza a percibir que ese contenido es relevante, aumentando naturalmente la capacidad de recordar y analizar los eventos nocturnos.

Además, comprender la diferencia entre la conciencia despierta y la conciencia onírica nos ayuda a ver que el estado de vigilia también puede ser cuestionado. En el día a día, muchas veces seguimos en piloto automático, sin darnos cuenta de los detalles a nuestro alrededor. Al entrenar la percepción de la realidad durante la vigilia, esa atención se transfiere al mundo de los sueños, facilitando la lucidez onírica.

Uno de los conceptos fundamentales en este proceso es la relación entre la mente consciente y el subconsciente. En el estado despierto, la mente consciente domina la toma de decisiones, pero en el sueño, el subconsciente asume el control, creando escenarios, personajes y eventos sin que tengamos influencia directa sobre ellos. Cuando adquirimos lucidez dentro de un sueño, estamos esencialmente uniendo estos dos estados, trayendo la claridad del consciente al territorio del inconsciente. Esta integración puede tener efectos profundos, permitiendo al soñador explorar su propia psique de una manera única.

Otro aspecto interesante de la conciencia onírica es que, al contrario de lo que muchos imaginan, no se trata solo de un fenómeno esotérico o subjetivo. Desde la década de 1980, investigaciones científicas vienen demostrando que el sueño lúcido es un estado verificable. Estudios conducidos por investigadores como Stephen LaBerge comprobaron que los soñadores lúcidos pueden comunicarse con el mundo exterior mientras duermen, moviendo los ojos de forma predeterminada dentro del sueño. Estos experimentos demostraron que la lucidez onírica no es solo una impresión subjetiva, sino un estado medible del cerebro.

Entender cómo se comporta la conciencia en los sueños también nos ayuda a superar mitos sobre el tema. Algunas personas creen que es posible quedarse "atrapado" en un sueño lúcido o que la experiencia puede ser peligrosa de alguna forma, pero estas preocupaciones no tienen fundamento real. El cerebro siempre retorna al estado de vigilia naturalmente, y la lucidez dentro del sueño no altera el funcionamiento normal del sueño.

La conciencia onírica también presenta grados de profundidad. Algunas veces, la lucidez es leve y fragmentada, con el soñador oscilando entre la claridad y la confusión. Otras veces, la lucidez es intensa, con el individuo percibiendo cada detalle del sueño con extrema nitidez. Esta variación depende de diversos factores, como el nivel de experiencia, el estado emocional y la calidad del sueño.

Entrenar esta habilidad requiere paciencia, pero los beneficios son inmensos. A partir del momento en que la mente comienza a reconocer el estado onírico como un espacio maleable y consciente, las posibilidades se expanden. El sueño deja de ser un fenómeno pasivo y se convierte en un ambiente de exploración, aprendizaje y descubrimiento.

En los próximos pasos de este viaje, veremos cómo la práctica de la lucidez puede traer beneficios concretos, desde la superación de miedos hasta la mejora de la creatividad. Cuanto más comprendemos la naturaleza de la conciencia onírica, más nos acercamos a la posibilidad de moldear los sueños de acuerdo con nuestra voluntad. Y al dominar los sueños, comenzamos a percibir que, en muchos aspectos, también podemos moldear nuestra realidad despierta.

Capítulo 3
Beneficios de Controlar los Sueños

El dominio de los sueños no solo fascina, sino que también transforma profundamente la relación del individuo con su mente y sus emociones. La capacidad de despertar dentro del propio sueño, reconocer la ilusión onírica e interactuar conscientemente con ella ofrece beneficios que van mucho más allá de la mera curiosidad. Al controlar los propios sueños, una persona adquiere un nuevo nivel de influencia sobre sus experiencias internas, desarrollando habilidades que pueden impactar positivamente su vida de vigilia. Desde la superación de traumas y miedos hasta el fomento de la creatividad y el bienestar emocional, los sueños lúcidos se revelan como una herramienta poderosa para el autoconocimiento y la expansión de la conciencia.

Uno de los mayores beneficios del sueño lúcido es su eficacia para superar pesadillas recurrentes. Para muchas personas, los sueños angustiantes son fuentes de estrés y ansiedad, afectando la calidad del sueño y, en consecuencia, la vida cotidiana. Sin embargo, al volverse lúcido dentro de una pesadilla, el soñador puede transformar el escenario amenazante, enfrentar directamente el miedo o incluso despertar cuando lo desee. Este proceso crea una sensación de autonomía y resiliencia que se extiende más allá del mundo de los sueños, ayudando al individuo a lidiar con los desafíos y ansiedades de la vida real con mayor confianza y control emocional. Además, la posibilidad de interactuar conscientemente con el subconsciente en un entorno onírico ofrece un medio único para procesar emociones reprimidas, promoviendo la sanación psicológica de manera natural e intuitiva.

Otro aspecto fascinante del sueño lúcido es su influencia en el desarrollo de la creatividad y la mejora de habilidades. El cerebro, cuando sueña, opera sin las limitaciones impuestas por la lógica y la racionalidad del estado de vigilia, lo que permite la formulación de ideas originales y soluciones innovadoras para problemas complejos. Artistas, científicos e inventores frecuentemente relatan momentos de inspiración surgidos durante el sueño, y la lucidez onírica potencia esta capacidad al permitir que el soñador explore deliberadamente escenarios, conceptos y posibilidades ilimitadas. Además, las investigaciones indican que el cerebro activa patrones neurales similares a los de la práctica real cuando ensaya actividades motoras dentro de los sueños, lo que hace posible entrenar habilidades como tocar un instrumento, practicar deportes o preparar presentaciones de forma eficaz. Al aprender a navegar conscientemente por el universo onírico, el soñador no solo disfruta de experiencias extraordinarias, sino que también fortalece la mente, mejora la calidad del sueño y adquiere una nueva perspectiva sobre su propia realidad.

Uno de los impactos más inmediatos del sueño lúcido es la capacidad de lidiar con las pesadillas. Para muchas personas, las pesadillas recurrentes son una fuente de angustia, privación de sueño y ansiedad. Cuando alguien aprende a reconocer que está soñando en medio de una pesadilla, la situación cambia drásticamente. En lugar de ser una víctima pasiva de los acontecimientos oníricos, el soñador pasa a tener autonomía para enfrentar la amenaza, modificar el escenario o simplemente despertar. La sensación de poder tomar el control dentro del sueño puede ser extremadamente liberadora, reduciendo gradualmente la frecuencia de las pesadillas y promoviendo un sueño más tranquilo.

Además de ayudar a controlar las pesadillas, los sueños lúcidos también tienen un impacto directo en la salud mental. El simple acto de percibir e interactuar conscientemente con el propio mundo onírico desarrolla un mayor nivel de autoconocimiento. La mente subconsciente expresa emociones reprimidas y conflictos internos a través de los sueños, y cuando estamos lúcidos, tenemos la oportunidad de explorar estos contenidos con conciencia. Muchas personas relatan que sus sueños lúcidos se han convertido en una especie de terapia interna, permitiéndoles confrontar miedos, procesar emociones y encontrar respuestas a dilemas personales.

La creatividad también se amplifica dentro del sueño lúcido. En el estado onírico, las reglas de la lógica convencional se suspenden, y el cerebro es capaz de crear escenarios, personajes y situaciones completamente nuevas, sin las limitaciones del pensamiento lineal. Artistas, escritores, músicos e inventores pueden usar el sueño lúcido como un espacio experimental donde las ideas fluyen libremente. Muchos creadores afirman que soluciones innovadoras para problemas complejos surgieron de momentos de claridad dentro de un sueño. Salvador Dalí, por ejemplo, utilizaba estados de sueño para visualizar imágenes surrealistas, mientras que Nikola Tesla relataba realizar experimentos mentales mientras dormía. El sueño lúcido permite que esta exploración creativa se vuelva deliberada, proporcionando un laboratorio interno para probar ideas, visualizar conceptos y desarrollar proyectos sin las restricciones del mundo físico.

Otro beneficio fascinante de la conciencia onírica es la mejora de habilidades motoras. Las investigaciones indican que el cerebro, al simular actividades en un sueño, activa patrones neurales similares a los de la práctica real. Esto significa que los soñadores lúcidos pueden utilizar este estado para ensayar movimientos físicos, como tocar un instrumento, practicar deportes o incluso ensayar una presentación. Los atletas de alto rendimiento ya exploran técnicas de visualización mental para mejorar sus desempeños, y los sueños lúcidos llevan esta práctica a un nivel aún más profundo.

La calidad del sueño también puede mejorar con la práctica de los sueños lúcidos. Algunas personas temen que la lucidez onírica interrumpa el descanso, pero, en realidad, ocurre lo contrario. Tener una relación más consciente con el sueño ayuda a reducir el insomnio y la ansiedad nocturna. Cuando un individuo aprende a reconocer los patrones de su propio ciclo de sueño y a interactuar positivamente con los sueños, tiende a dormir con más tranquilidad y a despertar más revitalizado. Además, la práctica del sueño lúcido puede aumentar la sensación de control sobre la propia vida, reduciendo el estrés y promoviendo una mentalidad más equilibrada.

La experiencia de explorar conscientemente el mundo de los sueños también puede ser profundamente transformadora a nivel filosófico y existencial. Cuando alguien se da cuenta de que puede modificar la realidad de un sueño con su intención y expectativa, comienza a cuestionar hasta qué punto su propia realidad de vigilia es tan fija como parece. Este cuestionamiento puede llevar a reflexiones sobre la naturaleza de la mente, la percepción e incluso la identidad. Muchas tradiciones espirituales utilizan los sueños lúcidos como parte de prácticas de expansión de la conciencia, explorando la intersección entre los estados de vigilia y de sueño para entender la verdadera naturaleza de la realidad.

Además de los beneficios individuales, también existe el aspecto social y cultural del sueño lúcido. A lo largo de la historia, diferentes tradiciones y filosofías han explorado los sueños como una forma de obtener conocimiento o conectarse con algo más grande. Hoy en día, la ciencia y la espiritualidad comienzan a converger en este campo, y los grupos de estudio sobre sueños lúcidos han ido creciendo en comunidades de todo el mundo. Compartir experiencias, intercambiar técnicas y discutir descubrimientos con otras personas interesadas en el tema puede fortalecer aún más el aprendizaje y la práctica de la lucidez onírica.

Al percibir la amplitud de beneficios que el sueño lúcido puede proporcionar, se hace evidente que esta habilidad va mucho más allá de un simple pasatiempo. Es una puerta a una nueva forma de interactuar con la propia mente, promoviendo el crecimiento personal, la creatividad y el bienestar. Y, a lo largo de este viaje, aprenderemos a entrenar esta capacidad de manera sistemática, paso a paso, hasta que se convierta en una habilidad natural, disponible siempre que el soñador lo desee.

Capítulo 4
Mitos y Realidades sobre los Sueños Lúcidos

La comprensión de los sueños lúcidos a menudo se ha visto distorsionada por creencias populares, historias sensacionalistas y representaciones ficticias. Si bien la experiencia de despertar dentro de un sueño es profundamente transformadora, no hay nada sobrenatural o peligroso en ella. Lo que existe, en realidad, es un fenómeno natural de la mente humana, accesible a cualquier persona dispuesta a entrenarlo. Diferenciar los mitos de las verdades sobre los sueños lúcidos es esencial para disipar temores infundados y establecer una base sólida para su estudio y práctica.

Uno de los equívocos más comunes es la idea de que un sueño puede causar daños físicos reales, como la muerte o un trauma irreversible. Esta creencia, a menudo reforzada por relatos ficticios, no encuentra respaldo en la ciencia. El cerebro posee mecanismos naturales de protección que garantizan el despertar cuando una experiencia onírica se vuelve demasiado intensa. De la misma manera, el miedo a quedarse "atrapado" en un sueño lúcido no se sostiene, ya que el ciclo del sueño sigue su curso normal, llevando naturalmente al despertar. Incluso en casos de falsos despertares, en los que el soñador cree haber despertado dentro de un nuevo sueño, la conciencia eventualmente retorna al estado de vigilia sin ningún perjuicio.

Otro mito recurrente es la suposición de que los sueños lúcidos proporcionan un control absoluto sobre el escenario y los eventos oníricos. Si bien es posible ejercer influencia sobre el sueño, la mente subconsciente continúa desempeñando un papel activo en la construcción de la experiencia. El nivel de control varía de persona a persona y puede ser mejorado con la práctica. Además, la creencia de que los sueños lúcidos son una habilidad exclusiva de unos pocos elegidos también se muestra equivocada. Cualquier individuo puede desarrollar esta capacidad por medio de técnicas específicas, volviéndose cada vez más hábil en reconocer e interactuar conscientemente con sus sueños. Separar la fantasía de la realidad permite un abordaje más objetivo y productivo del fenómeno, transformando los sueños lúcidos en una herramienta práctica para el autoconocimiento, la creatividad y el bienestar mental.

Uno de los mitos más difundidos es la idea de que morir en un sueño puede causar la muerte real. Esta creencia probablemente surgió de relatos de personas que despertaron asustadas de sueños intensos, pero no hay ninguna evidencia científica de que un sueño, por más vívido que sea, pueda causar daños físicos directos. Lo que puede ocurrir es una reacción fisiológica intensa –aceleración de los latidos cardíacos, sudoración, tensión muscular–, especialmente en pesadillas, pero esto no significa que haya un riesgo real para la salud. En el momento en que el cerebro percibe un estado de estrés extremo, despierta naturalmente, garantizando la seguridad del soñador.

Otro miedo común es el temor a quedarse atrapado en un sueño lúcido, incapaz de despertar. Esta idea fue popularizada por películas e historias de ficción, pero no tiene base real. El sueño sigue ciclos naturales y, independientemente de la experiencia dentro del sueño, el cuerpo siempre retornará al estado de vigilia en el momento apropiado. Incluso en situaciones en las que la lucidez se extiende por un largo período, hay un límite natural, ya que el cerebro no mantiene el sueño REM indefinidamente. En casos raros, puede suceder un fenómeno conocido como "falso despertar", en el cual la persona sueña que ha despertado, pero aún está dentro del sueño. Sin embargo, al percibir la inconsistencia del ambiente, el soñador rápidamente despierta de verdad.

Además de los miedos infundados, también hay exageraciones sobre el nivel de control que un sueño lúcido ofrece. Algunas personas creen que, al volverse lúcidas, tendrán inmediatamente control absoluto sobre todo lo que sucede en el sueño, pudiendo alterar escenarios y personajes con un simple pensamiento. Si bien es posible modificar elementos del sueño, esto no siempre sucede instantáneamente o de la forma esperada. La mente subconsciente aún tiene un papel activo en la creación del ambiente onírico, y muchos factores influyen en la facilidad de manipulación. En algunos casos, el propio soñador necesita entrenar su capacidad de influencia a lo largo del tiempo.

También hay quienes asocian los sueños lúcidos a algo sobrenatural, viéndolos como experiencias místicas que involucran dimensiones paralelas o comunicación con espíritus. Esta interpretación varía de acuerdo con creencias personales, pero desde el punto de vista científico, los sueños lúcidos son procesos naturales del cerebro, resultado de la activación de ciertas áreas de la mente durante el sueño REM. El hecho de que sean experiencias vívidas e intensas puede dar la impresión de que van más allá de la mente individual, pero no hay comprobación de que involucren algo más allá de la propia psique del soñador.

Otro mito frecuente es el de que solo algunas personas especiales consiguen tener sueños lúcidos. La realidad es que cualquier persona con un cerebro funcional tiene el potencial para desarrollarlos. Si bien algunas personas tienen sueños lúcidos espontáneos con más frecuencia que otras, esto no significa que sea una habilidad restringida. Así como aprender un idioma o tocar un instrumento, la lucidez onírica puede ser cultivada con práctica y dedicación. Técnicas específicas aumentan significativamente la probabilidad de volverse consciente dentro de un sueño, y con el tiempo, la experiencia se vuelve más accesible y natural.

También están aquellos que creen que los sueños lúcidos pueden ser perjudiciales para la salud mental. Esta preocupación puede venir de la idea de que jugar con la percepción de la realidad dentro de los sueños puede confundir la mente al despertar. Sin embargo, estudios no indican ninguna asociación entre la práctica del sueño lúcido y trastornos psicológicos. Por el contrario, en muchos casos, los sueños lúcidos son usados como herramientas terapéuticas para ayudar a las personas a lidiar con traumas, miedos y pesadillas recurrentes. La única salvedad hecha por especialistas es que, como cualquier actividad mental intensa, es importante mantener un equilibrio y garantizar un sueño saludable, sin sacrificar la calidad del descanso para perseguir la lucidez a cualquier costo.

A lo largo de las últimas décadas, la ciencia se ha dedicado a estudiar los sueños lúcidos con métodos rigurosos. Experimentos conducidos por investigadores como Stephen LaBerge demostraron que los soñadores lúcidos pueden comunicarse con el mundo exterior mientras duermen, usando movimientos oculares previamente combinados. Estos estudios ayudaron a validar la existencia de la lucidez onírica y a desmitificar la idea de que sería algo esotérico o imaginario. Avances en neuroimagen también mostraron que, cuando una persona se vuelve consciente dentro de un sueño, hay una activación de las áreas prefrontales del cerebro, lo que diferencia este estado de los sueños normales.

Ante estos hechos, se torna evidente que el sueño lúcido no es un fenómeno peligroso, ni una habilidad reservada a unos pocos, tampoco una experiencia sobrenatural. Es una capacidad natural de la mente humana, que puede ser entrenada y utilizada de manera productiva. Al aclarar estos mitos, el camino queda más abierto para explorar las técnicas y prácticas que permitirán al soñador acceder a este estado con más frecuencia y control. Con el entendimiento correcto, el sueño lúcido deja de ser un misterio rodeado por miedos y se convierte en una herramienta fascinante de exploración de la conciencia.

Capítulo 5
El Sueño y los Ciclos de los Sueños

El sueño no es un estado uniforme de descanso, sino un proceso complejo y dinámico que influye directamente en la forma en que soñamos y en la posibilidad de desarrollar sueños lúcidos. Lejos de ser un mero período de inactividad, el sueño está estructurado en ciclos que regulan desde la recuperación física hasta la consolidación de la memoria y la organización de las experiencias emocionales. Cada una de estas fases desempeña un papel fundamental en la calidad de los sueños, y comprender esta estructura nos permite utilizar el sueño de manera estratégica para favorecer la lucidez onírica.

El ciclo del sueño, que se repite varias veces a lo largo de la noche, se compone de diferentes fases, divididas entre sueño no REM y sueño REM. Durante el sueño no REM, el cuerpo atraviesa una secuencia progresiva de relajación y recuperación, que abarca desde la transición inicial entre la vigilia y el sueño hasta la fase más profunda, esencial para la restauración del organismo. En esta fase, la actividad cerebral disminuye considerablemente, lo que hace que los sueños sean menos frecuentes y fragmentados. En cambio, el sueño REM (sigla de "movimiento rápido de los ojos") es el momento en que el cerebro se vuelve altamente activo, produciendo sueños vívidos y elaborados. Es en esta fase donde la lucidez onírica se vuelve más probable, ya que la mente opera en patrones similares a los del estado de vigilia, pero sin la interferencia de los estímulos externos que limitan la percepción durante la vigilia.

Dominar los ciclos del sueño permite optimizar el tiempo y las condiciones para la práctica de los sueños lúcidos. La duración del sueño REM aumenta progresivamente a lo largo de la noche, lo que convierte a las últimas horas de descanso en el momento ideal para alcanzar la consciencia dentro del sueño. Técnicas como el despertar programado y la breve interrupción del sueño antes de volver a dormir pueden aumentar significativamente las posibilidades de lucidez. Además, los hábitos saludables, como mantener horarios regulares de sueño, reducir los estímulos artificiales antes de acostarse y registrar los sueños al despertar, fortalecen la conexión entre la mente consciente y el mundo onírico. Al alinear el conocimiento sobre los ciclos del sueño con técnicas adecuadas, el soñador puede transformar el acto de dormir en una experiencia más rica, exploratoria y profundamente reveladora.

El sueño está compuesto por ciclos de aproximadamente 90 minutos, en los cuales el cerebro atraviesa diferentes fases. Estas fases se pueden dividir en sueño no REM y sueño REM. El sueño no REM, a su vez, se subdivide en tres etapas. En la primera, se produce la transición entre la vigilia y el sueño, un estado ligero en el que la consciencia aún oscila. En la segunda, el cuerpo se relaja más profundamente y la actividad cerebral disminuye, preparándose para las fases posteriores. La tercera etapa es el sueño profundo, esencial para la restauración física, el fortalecimiento del sistema inmunológico y la recuperación muscular. Durante esta fase, la actividad cerebral es mínima y los sueños son raros y fragmentados.

La fase más importante para los sueños lúcidos es el sueño REM. Es en este momento cuando la actividad cerebral se intensifica, alcanzando niveles similares a los de la vigilia. Los ojos se mueven rápidamente bajo los párpados, los músculos se paralizan para evitar que el cuerpo reproduzca los movimientos de los sueños, y la mente entra en un estado altamente imaginativo. La mayor parte de los sueños ocurren en esta fase, y es en ella donde la lucidez se vuelve más probable. Al principio de la noche, los períodos de sueño REM son cortos, pero a medida que avanzan los ciclos, se vuelven más largos y frecuentes, siendo el más extenso el que ocurre en las últimas horas antes de despertar.

Este patrón explica por qué algunas técnicas de inducción del sueño lúcido implican despertarse en medio de la noche y volver a dormirse en un momento estratégico. Interrumpir el sueño justo antes de un período REM aumenta las posibilidades de entrar en esta fase de forma consciente. Además, dormir el tiempo suficiente es esencial, ya que quien tiene un sueño corto o interrumpido acaba perdiendo los períodos de REM más largos, lo que reduce significativamente las oportunidades para el sueño lúcido.

La regulación del sueño también influye directamente en la capacidad de recordar los sueños. Las personas que duermen poco o tienen patrones de sueño irregulares tienden a tener dificultades para recordar sus sueños, lo que puede ser un obstáculo para el entrenamiento de la lucidez onírica. La memoria de los sueños es más fuerte justo al despertar, especialmente si ocurre directamente desde un período REM. Si una persona se levanta rápidamente y se distrae con otras actividades, los recuerdos del sueño se disipan en cuestión de minutos. Esta es una de las razones por las que llevar un diario de sueños es tan importante: al anotar las experiencias nada más despertar, se fortalece la conexión con el contenido onírico y se entrena al cerebro para prestar más atención a los sueños.

La calidad del sueño también afecta a la profundidad y la claridad de los sueños lúcidos. Un sueño fragmentado, con interrupciones frecuentes, puede hacer que los sueños sean confusos y menos vívidos. Por otro lado, un sueño profundo y reparador favorece experiencias oníricas ricas y detalladas. Prácticas como mantener horarios regulares para dormir y despertarse, evitar estimulantes antes de acostarse y crear un ambiente tranquilo en el dormitorio ayudan a mejorar la calidad del sueño y, en consecuencia, la frecuencia de los sueños lúcidos.

Otro factor relevante es el efecto de la privación de sueño REM. Cuando una persona pasa un período durmiendo poco y luego tiene la oportunidad de descansar adecuadamente, el cerebro tiende a compensar el tiempo perdido con un "rebote REM", aumentando la duración y la intensidad de esta fase. Este fenómeno puede utilizarse estratégicamente para facilitar la inducción de sueños lúcidos, aunque no es recomendable comprometer la salud del sueño deliberadamente.

Comprender los ciclos del sueño permite que el practicante de sueños lúcidos utilice este conocimiento a su favor. Saber cuándo los sueños son más intensos, cómo mejorar el recuerdo y cómo crear las condiciones ideales para un sueño productivo son pasos fundamentales para acceder a la lucidez onírica de manera más consistente. En lugar de simplemente esperar a que un sueño lúcido ocurra por casualidad, es posible estructurar el sueño de forma que aumente la probabilidad de estas experiencias, transformando la práctica en algo más predecible y controlable.

Capítulo 6
Cómo el Cerebro Crea los Sueños

La mente humana, incluso en reposo, prosigue su incesante actividad, entrelazando recuerdos, emociones y estímulos dispersos para dar lugar a experiencias oníricas que desafían la lógica del mundo vigil. El cerebro, lejos de simplemente apagarse durante el sueño, entra en un estado de intensa reorganización neuronal, donde diferentes regiones actúan en conjunto para producir escenarios y narrativas que pueden parecer inconexas, pero que reflejan procesos profundos de la psique. La fase del sueño conocida como REM (movimiento rápido de los ojos, por sus siglas en inglés) es uno de los momentos más activos de este fenómeno, cuando ondas eléctricas recorren los circuitos cerebrales, activando áreas responsables de la emoción, la memoria y la percepción sensorial. El resultado es un tapiz de imágenes y situaciones que, aunque fugaces y efímeras, pueden portar significados simbólicos, reforzar aprendizajes e incluso ofrecer perspectivas inesperadas sobre la realidad vivida.

A lo largo de la noche, el cerebro experimenta ciclos de sueño que alternan entre períodos de mayor y menor actividad, y es precisamente durante los momentos de mayor excitación neuronal cuando los sueños asumen su forma más vívida. La amígdala, centro del procesamiento emocional, intensifica su actuación, cargando los sueños de sentimientos intensos que pueden variar del placer al miedo, mientras que el hipocampo, responsable de la consolidación de la memoria, reorganiza fragmentos de la experiencia cotidiana, insertándolos en narrativas peculiares. Al mismo tiempo, la corteza visual simula paisajes y escenarios que, pese a ser irreales, pueden ser extremadamente detallados. Sin embargo, la reducción de la actividad en la corteza prefrontal, estructura ligada al pensamiento lógico y al sentido crítico, hace que el soñador acepte absurdos como normales, transitando sin resistencia entre realidades inconexas y eventos imposibles. Este delicado equilibrio entre razón y emoción moldea la arquitectura de los sueños y explica por qué frecuentemente nos vemos inmersos en historias fantásticas sin percibir su incoherencia.

La función exacta de los sueños sigue siendo un misterio debatido por la neurociencia, pero las investigaciones indican que desempeñan un papel fundamental en la regulación psicológica y la organización de las experiencias vividas. Al revisitar recuerdos, el cerebro no solo refuerza aprendizajes, sino que también procesa emociones reprimidas, ofreciendo una especie de ensayo mental para lidiar con desafíos futuros. Algunas teorías sugieren que los sueños permiten al cerebro probar posibilidades sin riesgos reales, mientras que otras señalan que son un subproducto inevitable de la intensa actividad neuronal durante el sueño. Sea cual fuere su finalidad, comprender los mecanismos detrás de la creación de los sueños abre el camino para el desarrollo de la lucidez onírica, permitiendo que la mente despierta interactúe conscientemente con este fascinante universo interior.

Gran parte de los sueños ocurren durante el sueño REM, cuando el cerebro está en alta actividad, similar al estado de vigilia. Una de las regiones más activas en este momento es la amígdala, responsable del procesamiento emocional. Esto explica por qué los sueños son frecuentemente intensos, cargados de sentimientos que van del éxtasis al terror. Al mismo tiempo, el hipocampo, estructura ligada a la memoria, participa del proceso, recuperando fragmentos de experiencias pasadas e incorporándolos al argumento de los sueños.

La corteza visual también entra en acción, creando imágenes y escenarios con un nivel de realismo impresionante. Durante los sueños, esta región se comporta de manera similar a cuando estamos despiertos, simulando percepciones visuales con gran riqueza de detalles. Sin embargo, la corteza prefrontal, responsable del pensamiento lógico y el control racional, presenta una actividad reducida, lo que explica por qué aceptamos situaciones absurdas sin cuestionar.

Este desbalance entre emoción y lógica hace que los sueños sean altamente plásticos, mutables y, a menudo, ilógicos. Elementos inesperados aparecen sin aviso, transiciones ocurren sin explicación y las leyes de la física pueden ser completamente distorsionadas. No obstante, cuando la lucidez onírica se manifiesta, partes de la corteza prefrontal vuelven a activarse, permitiendo que el soñador recupere su capacidad crítica y perciba que está soñando.

La manera en que el cerebro organiza los sueños también está relacionada con la consolidación de la memoria. Durante el sueño, la información recibida a lo largo del día es procesada, organizada y, en muchos casos, incorporada a los sueños. Es por eso que muchas veces soñamos con situaciones que vivimos recientemente o con preocupaciones que ocupan nuestra mente antes de dormir. Esta relación entre memoria y sueño puede ser explotada en el entrenamiento de la lucidez, ya que la atención consciente a los patrones de los sueños puede ayudar a identificarlos cuando ocurren.

Otro aspecto fascinante del proceso onírico es la forma en que el cerebro llena vacíos de información. Durante los sueños, cuando algo no tiene sentido, la mente subconsciente tiende a crear justificaciones automáticas para mantener la coherencia de la narrativa. Esto explica por qué un escenario puede cambiar repentinamente sin causar extrañeza: el cerebro simplemente ajusta la percepción para que todo parezca normal. Este fenómeno puede ser usado a favor del practicante de sueños lúcidos, pues aprender a cuestionar esos momentos de inconsistencia es una de las claves para despertar dentro del sueño.

Las diferentes teorías sobre la función de los sueños intentan explicar por qué el cerebro dedica tanta energía a estas experiencias durante el sueño. Algunos enfoques sugieren que los sueños sirven para procesar emociones y ayudar en la regulación psicológica, mientras que otros señalan que pueden ser un mecanismo de ensayo mental, permitiendo que la mente pruebe diferentes respuestas a situaciones desafiantes sin riesgos reales. También existe la hipótesis de que los sueños son un subproducto de la actividad cerebral durante el sueño, sin un propósito específico, pero con efectos colaterales que influyen en nuestro estado mental y creativo a lo largo del día.

Independientemente de la función exacta de los sueños, comprender cómo el cerebro los construye ayuda a percibir que, lejos de ser meras ilusiones desconectadas, son reflejos del funcionamiento interno de la mente. Cuando alguien se vuelve lúcido dentro de un sueño, está esencialmente accediendo a este proceso de manera consciente, navegando de forma intencional por las creaciones de su propio cerebro. Esto refuerza la idea de que los sueños, incluso en su aparente aleatoriedad, siguen patrones y mecanismos que pueden ser comprendidos y explorados.

A medida que avanzamos en el desarrollo de la lucidez onírica, esta comprensión científica se convierte en una aliada poderosa. Saber cómo se forman los sueños permite que el soñador los observe con más atención, identifique elementos recurrentes y, con el tiempo, aprenda a interactuar conscientemente con este proceso. El mundo onírico, entonces, deja de ser un territorio desconocido y pasa a ser una extensión del propio pensamiento, un espacio donde la mente puede ser explorada de manera intencional y transformadora.

Capítulo 7
La Ciencia del Sueño Lúcido

Durante mucho tiempo, los sueños lúcidos estuvieron envueltos en un halo de misterio, considerados fenómenos raros y subjetivos, relegados al ámbito de la espiritualidad o el folclore. Sin embargo, los avances científicos de las últimas décadas han demostrado que esta experiencia no solo es real, sino que puede ser investigada, documentada e incluso inducida. La neurociencia y la psicología se han dedicado a comprender los mecanismos cerebrales detrás de la lucidez onírica, revelando que este estado híbrido entre el sueño y la vigilia posee bases neurológicas concretas. Hoy en día, el estudio de los sueños lúcidos no se limita a la mera curiosidad académica, sino que se expande hacia aplicaciones terapéuticas y cognitivas, sugiriendo que la consciencia dentro del sueño puede ser una herramienta poderosa para el autoconocimiento, la superación de traumas e incluso la mejora de habilidades motoras y creativas.

Las primeras evidencias científicas que comprobaron la existencia del sueño lúcido surgieron a partir de experimentos innovadores llevados a cabo en la década de 1970. Los investigadores se enfrentaban a un desafío fundamental: ¿cómo probar que un soñador estaba realmente consciente dentro de un sueño, en lugar de simplemente relatar la experiencia al despertar? La respuesta llegó con el uso de los movimientos oculares como medio de comunicación entre el soñador y el mundo externo. Durante el sueño REM, fase en la que ocurren los sueños más vívidos, los músculos oculares permanecen activos, lo que permitió que voluntarios, previamente entrenados, realizaran patrones específicos de movimiento ocular dentro del sueño. Estas señales fueron registradas por electrooculogramas, proporcionando la primera prueba objetiva de que el soñador era capaz de percibir e interactuar conscientemente con su propio sueño. Este hito abrió el camino a una nueva era de investigaciones, llevando a los científicos a explorar cómo el cerebro modula la experiencia de la lucidez onírica.

Con el avance de las técnicas de neuroimagen, se hizo posible mapear lo que ocurre en el cerebro durante un sueño lúcido. Los estudios demuestran que, al volverse lúcido, el cerebro exhibe un patrón distintivo de activación, combinando características del sueño y la vigilia. El córtex prefrontal dorsolateral, región asociada a la autorreflexión y el pensamiento crítico, presenta un aumento significativo de actividad, contrastando con los sueños normales, en los cuales esta área permanece menos activa. Este fenómeno explica por qué, al adquirir lucidez, el soñador comienza a cuestionar la lógica de los eventos y a reconocer que está soñando. Además, las investigaciones indican que la práctica del sueño lúcido puede tener impactos positivos en la regulación emocional, la reducción de pesadillas recurrentes e incluso en el desarrollo cognitivo. Estos descubrimientos no solo validan la experiencia de la lucidez onírica, sino que también ofrecen nuevas perspectivas sobre el funcionamiento de la consciencia y sus interacciones con el estado de sueño.

La primera evidencia científica concreta surgió en la década de 1970, cuando los investigadores comenzaron a buscar formas objetivas de comprobar que una persona podía volverse consciente dentro de su propio sueño. El problema era simple: ¿cómo probar que alguien estaba realmente lúcido durante el sueño REM y no solo relatando la experiencia al despertar? La respuesta vino de experimentos innovadores que usaron los movimientos oculares como medio de comunicación entre los soñadores lúcidos y los investigadores.

El pionero en este campo fue Keith Hearne, un psicólogo británico que, en 1975, condujo un experimento en el que pidió a un voluntario que moviera los ojos de manera predeterminada mientras estuviera lúcido en un sueño. Como los músculos oculares no sufren parálisis durante el sueño REM, este movimiento pudo ser registrado por un electrooculograma, proporcionando la primera prueba objetiva de que la consciencia onírica era real.

Poco tiempo después, Stephen LaBerge, un investigador de la Universidad de Stanford, desarrolló experimentos aún más refinados. Creó protocolos para que los soñadores lúcidos realizaran señales específicas con los ojos durante el sueño, permitiendo que los investigadores observaran en tiempo real cuándo ocurría la lucidez. LaBerge también desarrolló métodos para entrenar a personas a inducir sueños lúcidos deliberadamente, sentando las bases para la popularización de esta práctica fuera de los laboratorios.

Con el avance de la tecnología, estudios más sofisticados comenzaron a mapear lo que sucede en el cerebro durante un sueño lúcido. Usando resonancia magnética funcional y electroencefalogramas, los científicos descubrieron que, cuando una persona se vuelve lúcida, ciertas áreas del cerebro asociadas al pensamiento crítico y la autoconsciencia, como el córtex prefrontal dorsolateral, presentan un aumento de actividad. Esto contrasta con los sueños normales, en los cuales esta región tiende a estar menos activa, explicando por qué normalmente aceptamos absurdos oníricos sin cuestionarlos.

Otro hallazgo interesante es que, durante los sueños lúcidos, los patrones de actividad cerebral se asemejan a un estado híbrido entre el sueño REM y la vigilia. Esto significa que, al adquirir lucidez, el cerebro se comporta de manera única, mezclando elementos del estado despierto con la inmersión del sueño. Este descubrimiento refuerza la idea de que la consciencia onírica no es solo una ilusión subjetiva, sino un estado distinto y medible.

Además de comprobar la existencia de los sueños lúcidos, la ciencia también ha investigado sus posibles beneficios. Estudios indican que las personas que entrenan la lucidez onírica reportan una reducción en la frecuencia de pesadillas, una mayor sensación de control sobre sus emociones e incluso mejoras en la calidad del sueño. También hay investigaciones explorando el uso del sueño lúcido en el tratamiento de trastornos como el estrés postraumático, permitiendo que los pacientes enfrenten memorias traumáticas en un ambiente seguro dentro del sueño.

Otra línea de investigación sugiere que los sueños lúcidos pueden ser usados para mejorar habilidades motoras. Estudios han mostrado que, al practicar mentalmente un movimiento dentro del sueño, los mismos circuitos cerebrales activados durante la práctica física son estimulados. Esto plantea la posibilidad de que los soñadores lúcidos puedan entrenar deportes, ensayar presentaciones o perfeccionar técnicas artísticas mientras duermen, aprovechando el poder de la simulación mental para mejorar el desempeño en la vida real.

Los estudios sobre sueños lúcidos continúan en expansión, con nuevos descubrimientos surgiendo cada año. Los investigadores están explorando formas de aumentar la frecuencia de la lucidez onírica, probar diferentes técnicas de inducción y comprender mejor los mecanismos neurológicos detrás de este fenómeno. Con el avance de las tecnologías de neuroimagen e inteligencia artificial, el futuro puede traer aún más *insights* sobre cómo funcionan los sueños y cómo podemos utilizarlos de manera intencional.

Lo que antes era visto como un tema puramente filosófico o espiritual ahora se ha convertido en un campo legítimo de estudio, donde ciencia y práctica se encuentran. El sueño lúcido ya no es solo un relato subjetivo, sino un fenómeno medible, entrenable y con aplicaciones prometedoras. A medida que el conocimiento avanza, queda cada vez más claro que la mente humana tiene potencialidades aún poco exploradas – y los sueños lúcidos son una de las llaves para acceder a ellas.

Capítulo 8
Sueños en la Historia y la Mitología

Desde las civilizaciones más antiguas hasta nuestros días, los sueños han desempeñado un papel fundamental en la construcción de mitos, creencias e interpretaciones sobre la naturaleza humana y el universo. Los pueblos antiguos veían los sueños como manifestaciones divinas, revelaciones místicas o mensajes del más allá, atribuyéndoles significados profundos que influían en decisiones políticas, religiosas y sociales. Antes de que la ciencia desentrañara los procesos del sueño y la actividad cerebral, los sueños eran considerados puentes entre el mundo terrenal y dimensiones espirituales o sobrenaturales. De esta forma, a lo largo de la historia, cada cultura desarrolló sus propios métodos de interpretación onírica, registrando simbolismos y buscando formas de comprender y utilizar estas experiencias para la orientación de la vida cotidiana. Esta mirada sobre los sueños no solo moldeó tradiciones y rituales, sino que también influenció filosofías y sistemas religiosos que perduran hasta hoy.

Los sumerios, una de las civilizaciones más antiguas, ya registraban sueños en tablillas de arcilla hace más de cuatro mil años, asociándolos a premoniciones y a la comunicación con los dioses. Esta tradición se expandió a los babilonios y egipcios, quienes desarrollaron extensos manuales de interpretación onírica, en los que cada símbolo poseía un significado específico. En el Antiguo Egipto, sacerdotes especializados eran encargados de descifrar los sueños de los faraones, creyendo que tales visiones nocturnas podían guiar el destino de toda la nación. Los griegos y romanos, por su parte, incorporaron los sueños en sus filosofías y prácticas religiosas. Platón y Aristóteles reflexionaron sobre su naturaleza y función, mientras que los templos dedicados al dios Asclepio recibían peregrinos que buscaban la cura por medio de la incubación de sueños sagrados. El oráculo de Delfos, una de las instituciones más influyentes del mundo helénico, también utilizaba estados alterados de conciencia, frecuentemente asociados a visiones oníricas, para proporcionar respuestas enigmáticas a quienes buscaban orientación.

En las tradiciones orientales e indígenas, los sueños asumieron un carácter igualmente profundo y transformador. Para el budismo tibetano, la práctica del Yoga del Sueño enseña a los adeptos a permanecer conscientes durante los sueños, como forma de alcanzar un mayor dominio sobre la mente y la realidad. Entre los pueblos indígenas de las Américas, como los chamanes de diversas tribus, los sueños eran considerados viajes espirituales, oportunidades para recibir enseñanzas de ancestros y espíritus de la naturaleza. El concepto de "sueño visionario" era ampliamente valorado, siendo alcanzado por medio de rituales, ayunos y meditaciones. Con el pasar de los siglos, la visión sobre los sueños osciló entre lo místico y lo científico. Freud revolucionó la comprensión de los sueños al sugerir que eran expresiones del inconsciente y deseos reprimidos, mientras que Jung introdujo la idea de los arquetipos y del inconsciente colectivo, rescatando, de cierta forma, la conexión entre los sueños y los mitos de la antigüedad. Hoy, aunque la ciencia ha avanzado en el estudio de los sueños desde una perspectiva neurocientífica, la fascinación por su simbolismo e impacto en la psique humana permanece, revelando que esta experiencia milenaria continúa desempeñando un papel crucial en la manera en que la humanidad se entiende a sí misma y al mundo que la rodea.

En la civilización sumeria, una de las primeras de la historia, los sueños ya eran registrados en tablillas de arcilla hace más de cuatro mil años. Reyes y sacerdotes creían que los dioses enviaban avisos e instrucciones por medio de los sueños, influenciando decisiones políticas y religiosas. Esta visión se extendió a otras culturas del Medio Oriente, incluyendo a los babilonios y los egipcios, que desarrollaron sistemas sofisticados de interpretación onírica. En el Antiguo Egipto, existía incluso un "Libro de los Sueños", una especie de manual que ayudaba a descifrar los significados ocultos de las visiones nocturnas. Soñar con aguas calmas, por ejemplo, era considerado un buen presagio, mientras que soñar con animales salvajes podía indicar peligro inminente.

Los griegos y romanos heredaron esta tradición y la expandieron con su propio enfoque filosófico. Para Aristóteles, los sueños eran manifestaciones del pensamiento humano en estado de reposo, aunque podían contener *insights* importantes. Platón, por otro lado, sugería que los sueños revelaban deseos reprimidos, una idea que resonaría siglos después en los estudios de Sigmund Freud. Pero más allá de la filosofía, el mundo grecorromano también veía los sueños como medios de comunicación con los dioses. Los templos de Asclepio, el dios de la cura, eran utilizados para la llamada "incubación de sueños", donde los enfermos dormían en santuarios sagrados con la esperanza de recibir una visión divina que les indicara la cura para sus enfermedades.

En la tradición judeocristiana, los sueños aparecen como elementos importantes en las Escrituras. Figuras bíblicas como José, en Egipto, y Daniel, en Babilonia, eran conocidos por su habilidad para interpretar sueños y predecir eventos futuros. En los relatos del Nuevo Testamento, José, padre de Jesús, recibe en sueños orientaciones divinas para huir con su familia y escapar de la persecución del rey Herodes. La creencia en la comunicación espiritual a través de los sueños permaneció fuerte a lo largo de la Edad Media, influenciando la cultura y la religiosidad de la época.

Mientras tanto, en Oriente, tradiciones como el budismo y el hinduismo exploraban los sueños de forma diferente. Para los yoguis y maestros espirituales, los sueños no eran solo símbolos o mensajes, sino también un estado de conciencia a ser dominado. El concepto de que el mundo de los sueños podía ser tan real como la vigilia llevó al desarrollo de prácticas como el Yoga del Sueño tibetano, que busca entrenar la mente para permanecer lúcida tanto en el sueño como en la muerte, preparando al practicante para transiciones entre estados de conciencia.

Entre los pueblos indígenas de América y los chamanes de varias partes del mundo, los sueños eran vistos como viajes al mundo espiritual. Muchas tribus creían que los sueños permitían el contacto con ancestros, espíritus de la naturaleza y guías espirituales. Para algunas culturas, cada individuo tenía un "sueño de poder", una visión que revelaba su misión o animal protector. Rituales específicos eran realizados para inducir sueños visionarios, incluyendo ayunos, meditaciones y el uso de hierbas sagradas.

A lo largo de la historia, la visión sobre los sueños osciló entre lo sagrado y lo científico. Con el surgimiento de la psicología moderna, teóricos como Freud y Jung aportaron nuevas perspectivas. Freud veía los sueños como manifestaciones del inconsciente y deseos reprimidos, mientras que Jung los consideraba un diálogo con el inconsciente colectivo, repleto de arquetipos universales. Estas ideas influenciaron el estudio de los sueños en Occidente y ayudaron a moldear la comprensión moderna sobre su papel en la psique humana.

Con el avance de la ciencia, los sueños pasaron a ser estudiados de forma más objetiva, pero esto no disminuyó su encanto. Hoy, sabemos que son productos de la actividad cerebral y que pueden ser influenciados por factores fisiológicos, psicológicos y culturales. Sin embargo, el interés por el significado de los sueños permanece tan fuerte como en la antigüedad. La búsqueda de respuestas continúa, y la posibilidad de controlarlos de manera lúcida añade una nueva capa de fascinación a esta jornada que acompaña a la humanidad desde sus orígenes.

Capítulo 9
Incubación de Sueños en las Culturas Antiguas

La práctica de moldear e influir en el contenido de los sueños ha acompañado a la humanidad desde sus albores, reflejando la creencia ancestral de que el mundo onírico puede ser una vía de comunicación con fuerzas superiores, una herramienta de autoconocimiento o un medio para resolver cuestiones complejas de la vida en vigilia. Antes de que la ciencia moderna comenzara a investigar los mecanismos de los sueños, innumerables civilizaciones desarrollaron métodos para inducir experiencias oníricas específicas, con el propósito de obtener orientación espiritual, respuestas a dilemas personales o incluso curas físicas y emocionales. Este proceso, conocido como incubación de sueños, era un ritual ampliamente respetado, que involucraba prácticas como ayunos, meditación, uso de sustancias naturales y pernoctaciones en lugares sagrados, donde se creía que los sueños adquirirían un significado más profundo.

En la Antigua Grecia, la incubación de sueños fue llevada a un nivel sofisticado, especialmente en los templos dedicados a Asclepio, dios de la medicina. Peregrinos de diversas regiones viajaban hasta estos santuarios para participar en rituales que los preparaban para una noche de sueño sagrado. Se creía que, al dormir en un ambiente consagrado después de pasar por baños purificadores, oraciones y ofrendas, el soñador recibiría en su sueño una visita del propio Asclepio o de sus sacerdotes, quienes le transmitirían orientaciones para la cura de enfermedades o para la resolución de problemas. Relatos históricos indican que muchas de estas experiencias eran interpretadas como verdaderas revelaciones divinas, reforzando la idea de que los sueños poseían un carácter profético y transformador. Prácticas similares se observaban en el Antiguo Egipto, donde los faraones y sacerdotes buscaban mensajes de los dioses a través de los sueños, muchas veces durmiendo sobre piedras específicas que, según las creencias, amplificaban la conexión espiritual.

Otras tradiciones, como la mesopotámica, la islámica medieval y las culturas indígenas alrededor del mundo, también valoraban la incubación de los sueños como una herramienta esencial para la vida cotidiana y el desarrollo espiritual. En Mesopotamia, registros en tablillas de arcilla describen rituales meticulosos seguidos por reyes y sacerdotes para inducir sueños proféticos, incluyendo dietas restrictivas y recitación de oraciones específicas antes de dormir. En el mundo islámico medieval, los sufíes exploraban los sueños como una vía de comunicación directa con lo divino, empleando técnicas de meditación y repetición de versos sagrados para inducir estados visionarios. Entre los pueblos indígenas, como los nativos norteamericanos, la búsqueda de la visión era un rito de paso en el cual el individuo se aislaba en la naturaleza, muchas veces en ayuno, para recibir en sueño revelaciones sobre su propósito de vida. Hoy, aunque la ciencia ha desvelado aspectos fisiológicos de los sueños, las antiguas prácticas de incubación continúan influyendo en técnicas modernas de inducción onírica, demostrando que, a lo largo de la historia, la humanidad siempre ha buscado maneras de explorar y comprender este intrigante universo del inconsciente.

Los antiguos griegos fueron una de las culturas que más exploraron esta práctica de manera sistemática. En los templos de Asclepio, dios de la medicina y la curación, los peregrinos se preparaban cuidadosamente para una noche de sueño sagrado. Antes de dormir, realizaban rituales de purificación, incluyendo baños y ayuno, además de oraciones y ofrendas al dios. Durante la noche, dormían en una área especial llamada *abaton*, donde se creía que Asclepio o sus sacerdotes podrían visitar a los soñadores en visiones y ofrecer consejos de curación. Al despertar, los participantes relataban sus sueños a los sacerdotes, que los interpretaban y prescribían tratamientos basados en los mensajes recibidos. Muchos relatos afirman que las personas salían de estos templos curadas o con una nueva claridad sobre su condición.

En el Antiguo Egipto, la incubación de sueños también desempeñaba un papel fundamental en la vida religiosa y política. Faraones y sacerdotes utilizaban prácticas semejantes a las de los griegos para obtener revelaciones divinas. En algunos templos, los soñadores dormían sobre "piedras de los sueños", creyendo que esta práctica aumentaba la probabilidad de recibir mensajes de los dioses. Los egipcios también tenían un sistema detallado de interpretación onírica, que ligaba ciertos símbolos a significados específicos, influenciando decisiones importantes.

En Mesopotamia, donde surgieron algunas de las primeras civilizaciones organizadas, los sueños eran considerados mensajes directos de los dioses. Textos cuneiformes describen rituales para inducir sueños proféticos, en los cuales el practicante debía seguir un conjunto específico de reglas antes de dormir, como evitar ciertos alimentos o recitar oraciones. Los babilonios poseían sacerdotes especializados en la interpretación de los sueños, que auxiliaban a reyes y líderes a tomar decisiones estratégicas con base en las mensajes oníricas.

En el mundo islámico medieval, la incubación de sueños fue ampliamente practicada por místicos y sufíes, que creían que los sueños eran un medio de comunicación entre Dios y los fieles. Muchos buscaban respuestas para cuestiones espirituales o decisiones importantes a través de la "visión verdadera", un sueño que se distinguía de los demás por su claridad e impacto emocional. Algunos sufíes desarrollaron técnicas de meditación y recitación de versos sagrados antes de dormir para aumentar la posibilidad de tener estas experiencias.

Las tradiciones indígenas alrededor del mundo también desarrollaron métodos propios de incubación de sueños. Entre los pueblos nativos norteamericanos, por ejemplo, existía el concepto de la búsqueda de la visión, un ritual en que jóvenes pasaban días aislados en la naturaleza, frecuentemente en ayuno, para inducir sueños que revelarían su misión de vida o traerían mensajes de los espíritus. En algunas tribus sudamericanas, el uso de plantas psicoactivas era empleado para intensificar los sueños y facilitar el contacto con guías espirituales.

Lo que estas diferentes culturas tenían en común era la creencia de que los sueños no eran eventos aleatorios, sino experiencias significativas que podían ser cultivadas y exploradas. Aunque las explicaciones para los sueños variaban – de mensajes divinos a encuentros con espíritus – la idea central de que se podía influir en el contenido onírico persistió a lo largo de la historia.

Hoy, con el avance de la ciencia, comprendemos que la mente realmente puede ser entrenada para dirigir los sueños. Técnicas de sugestión antes de dormir, visualización de escenarios deseados y repetición de afirmaciones son versiones modernas de estas antiguas prácticas de incubación de sueños. Aunque las creencias hayan cambiado, la esencia de esta búsqueda continúa siendo la misma: usar el mundo de los sueños como una herramienta de aprendizaje, crecimiento y autoconocimiento.

Capítulo 10
Los Sueños en las Tradiciones Espirituales Orientales

Las tradiciones espirituales orientales siempre han percibido los sueños como portales hacia dimensiones más profundas de la conciencia, donde la mente puede trascender los límites de la percepción ordinaria y acceder a estados elevados de comprensión. A diferencia de la visión occidental, que durante siglos consideró los sueños como manifestaciones subjetivas o meras creaciones del inconsciente, en Oriente se les ve como oportunidades de aprendizaje y despertar espiritual. Culturas como el budismo tibetano, el hinduismo, el taoísmo y el zen-budismo desarrollaron prácticas sofisticadas para explorar el mundo onírico, considerándolo una extensión del viaje espiritual. En estos sistemas, la separación entre vigilia y sueño es solo aparente, ya que ambos son manifestaciones de la misma realidad fluida e impermanente. Aquel que aprende a despertar dentro del sueño adquiere herramientas para también despertar a la verdadera naturaleza de la existencia.

El Yoga de los Sueños, practicado en el budismo tibetano y en la tradición Bön, es uno de los enfoques más elaborados para el entrenamiento de la conciencia onírica. Para los maestros de esta tradición, el reconocimiento de la ilusión dentro del sueño es un ejercicio que prepara al practicante para percibir la ilusión de la realidad despierta, disolviendo la fijación en la identidad individual y en las apariencias mundanas. Se enseñan técnicas específicas para alcanzar este nivel de conciencia, incluyendo la recitación de mantras antes de dormir, visualizaciones específicas y el cultivo de la atención plena a lo largo del día. El practicante aprende a cuestionar su realidad constantemente, creando el hábito de comprobar si está soñando, hasta que esta actitud se transfiere naturalmente al estado onírico. Al dominar esta práctica, no solo adquiere control sobre sus sueños, sino que también desarrolla una mente más lúcida y despierta en la vida cotidiana.

En el hinduismo, se encuentran prácticas similares en el Yoga Nidra, conocido como "sueño yóguico", que permite al practicante permanecer consciente mientras el cuerpo reposa. Este estado se considera un puente entre el sueño profundo y la meditación, permitiendo el acceso a niveles más sutiles de la mente sin perder la percepción. En el taoísmo, los sueños se comprenden como manifestaciones del flujo natural de la existencia, ilustrado por reflexiones filosóficas como la famosa parábola de Zhuangzi sobre la mariposa y el cuestionamiento de la naturaleza de la realidad. En el budismo zen, la impermanencia de los sueños sirve como un recordatorio de la transitoriedad de todas las cosas, reforzando la necesidad del desapego. Estas tradiciones comparten la idea central de que los sueños no son meros fenómenos cerebrales, sino territorios de exploración espiritual. El conocimiento acumulado por estas escuelas milenarias sigue siendo relevante, ofreciendo a cualquier persona que desee explorar la conciencia onírica un camino hacia una mayor claridad mental, atención plena y comprensión de su propia mente.

Una de las tradiciones más conocidas en este contexto es el Yoga de los Sueños, practicado en el budismo tibetano y en la tradición Bön. Para los maestros tibetanos, los sueños son un reflejo de la naturaleza ilusoria de la realidad. Si en el estado despierto las personas creen que el mundo material es sólido y permanente, los sueños muestran que todo puede ser moldeado por la mente. Según estas enseñanzas, percibir la ilusión dentro del sueño es un entrenamiento para percibir la ilusión de la vida, lo que lleva al despertar espiritual definitivo.

Los practicantes del Yoga de los Sueños pasan años desarrollando la capacidad de mantener la conciencia ininterrumpida, tanto en el sueño como en la vigilia. Se utilizan técnicas específicas para fortalecer esta lucidez, como meditaciones antes de dormir, recitación de mantras y visualizaciones que preparan la mente para reconocer el estado onírico. El objetivo no es solo tener control sobre los sueños, sino utilizarlos como una herramienta para expandir la percepción de la realidad.

En el hinduismo, existen prácticas similares asociadas al Yoga Nidra, también llamado "sueño yóguico". En esta tradición, el sueño no se ve como un período de inconsciencia total, sino como un estado en el que la mente puede permanecer alerta en niveles más sutiles. Los maestros de esta práctica enseñan que es posible alcanzar un estado de conciencia profunda sin perder la percepción, accediendo a un espacio de pura observación donde el practicante puede ser testigo de sus propios pensamientos y emociones sin apegarse a ellos.

En el taoísmo chino, los sueños también desempeñan un papel importante. Filósofos taoístas, como Zhuangzi, reflexionaban sobre la naturaleza de la realidad al cuestionar si la vida despierta era más real que el sueño. Una de sus historias más conocidas cuenta cómo, una vez, soñó que era una mariposa. Al despertar, se quedó con la duda: ¿había sido un hombre soñando que era una mariposa, o era una mariposa soñando que era un hombre? Este pensamiento influyó en generaciones de practicantes taoístas, que veían los sueños como una extensión del flujo natural de la existencia.

En Japón, dentro de la tradición del budismo zen, los sueños se consideran manifestaciones de la mente y oportunidades para la contemplación. Los monjes zen utilizan técnicas de atención plena para llevar lucidez al mundo onírico, a menudo meditando sobre la impermanencia de los sueños como un reflejo de la impermanencia de la vida. El entrenamiento de la mente para cuestionar la realidad de los sueños refuerza el entendimiento de que todas las experiencias, tanto en el sueño como en la vigilia, son transitorias y no deben ser aferradas rígidamente.

Lo que todas estas tradiciones tienen en común es la visión de que los sueños son más que un fenómeno neurológico. Son un campo de exploración de la conciencia, un territorio donde la mente puede ser entrenada para percibir la verdad más allá de las apariencias. Mientras que la ciencia moderna busca explicar los sueños a través de la actividad cerebral, las tradiciones espirituales orientales los ven como un camino hacia la liberación.

Incluso para aquellos que no siguen estas filosofías, las enseñanzas contenidas en ellas ofrecen lecciones valiosas sobre cómo ver los sueños de una manera más profunda. La práctica de la lucidez onírica, tan valorada en estas tradiciones, no necesita limitarse al entretenimiento o a la experimentación mental. Puede ser un medio para desarrollar una mayor claridad, atención plena y una conexión más profunda con la propia mente. Así como los maestros tibetanos, yoguis y monjes zen exploraron el mundo de los sueños para expandir su conciencia, cualquier persona puede aplicar este conocimiento para transformar su relación con el sueño y con la realidad.

Capítulo 11
Perspectivas Chamánicas e Indígenas sobre los Sueños

Las culturas indígenas de todo el mundo otorgan a los sueños un papel crucial en la interacción entre el mundo material y las esferas espirituales. Los consideran no solo reflejos de la mente humana, sino portales a dimensiones más profundas de la existencia. En las tradiciones chamánicas, los sueños no se interpretan como simples manifestaciones del inconsciente, sino como vehículos de comunicación con ancestros, espíritus de la naturaleza y fuerzas superiores que guían el camino de individuos y comunidades. Esta perspectiva contrasta fuertemente con la visión predominante de la ciencia occidental, que a menudo reduce los sueños a procesos neurológicos desprovistos de significado trascendental.

Para los pueblos indígenas, la experiencia onírica trasciende los límites de la percepción ordinaria, proporcionando enseñanzas valiosas, revelaciones espirituales e incluso predicciones sobre eventos futuros. El soñador, en este contexto, no es un mero espectador pasivo, sino un viajero que puede interactuar conscientemente con estas realidades, extrayendo de ellas sabiduría y propósito.

Entre los diversos grupos indígenas, los sueños se consideran parte integral de la formación espiritual y social de cada individuo, y se utilizan en rituales iniciáticos y prácticas de curación. El proceso de aprendizaje chamánico, por ejemplo, a menudo comienza con sueños visionarios, en los que el aprendiz recibe instrucciones de seres espirituales o entra en contacto con entidades que lo guían en su viaje. Este conocimiento no se adquiere mediante el estudio convencional, sino a través de la experiencia directa en estados alterados de conciencia, en los que el alma se libera de las ataduras de la vigilia para explorar territorios invisibles.

La búsqueda de visiones, un ritual practicado por diversas tribus alrededor del mundo, ejemplifica esta relación entre sueños y espiritualidad. Durante esta práctica, jóvenes o futuros chamanes se aíslan en la naturaleza, sometiéndose a ayunos y meditaciones con la expectativa de recibir un sueño revelador que definirá su papel dentro de la comunidad. Estas visiones pueden presentar guías espirituales en forma de animales, símbolos o mensajes que son cuidadosamente interpretados por los ancianos de la tribu.

La importancia de los sueños trasciende la esfera individual, influyendo en decisiones comunitarias y estableciendo conexiones profundas entre los seres humanos y el universo espiritual. Muchas sociedades indígenas comparten los sueños entre sus miembros al despertar, buscando interpretar sus significados colectivamente para orientar sus acciones en el día a día. En algunas tradiciones, se cree que ciertos individuos poseen la habilidad especial de soñar para la comunidad, accediendo a información oculta que puede prevenir desastres, revelar curas para enfermedades o indicar los mejores caminos para la caza y la supervivencia.

Además, los sueños se consideran herramientas esenciales para mantener el equilibrio espiritual, siendo utilizados para identificar desequilibrios energéticos, resolver conflictos internos e incluso enfrentar fuerzas oscuras que puedan estar influyendo negativamente en la vida de una persona o de toda la tribu. Esta visión amplia y respetuosa sobre los sueños revela un enfoque holístico de la realidad, donde la dimensión onírica se reconoce como un espacio legítimo de aprendizaje y transformación, capaz de conectar a los individuos con sus raíces ancestrales y las fuerzas invisibles que moldean el mundo.

Entre los pueblos indígenas de América del Norte, por ejemplo, los sueños desempeñan un papel fundamental en los rituales y la organización social. Algunas tribus creen que todos poseen un espíritu guía que puede manifestarse en sueños, proporcionando enseñanzas y protección. Para identificar a estos guías, los jóvenes en transición a la vida adulta realizan la búsqueda de la visión, un ritual de aislamiento en la naturaleza, generalmente acompañado de ayunos y meditaciones. Durante este período, se espera que el individuo reciba un sueño significativo que revele su misión de vida o le traiga un animal de poder, un símbolo personal de fuerza y sabiduría.

Los chamanes, considerados intermediarios entre el mundo espiritual y el físico, suelen utilizar los sueños como medio de comunicación con fuerzas invisibles. En muchas tradiciones, el entrenamiento de un chamán comienza con experiencias oníricas intensas, en las que recibe instrucciones de entidades espirituales o aprende a navegar conscientemente por los sueños. Estos guías espirituales pueden aparecer en forma de animales, ancestros o seres mitológicos, trayendo mensajes que son interpretados y aplicados a la vida de la comunidad.

En la tradición de los aborígenes australianos, existe el concepto del "Tiempo del Sueño", una realidad mítica y atemporal que sirve como fundamento para la creación del mundo. Para los aborígenes, los sueños no solo reflejan la mente humana, sino que también son una manifestación continua de este tiempo sagrado, donde los ancestros dejaron enseñanzas que aún pueden ser accedidas por aquellos que saben interpretar las señales. Los soñadores son vistos como viajeros espirituales que pueden transitar entre dimensiones, trayendo conocimientos que ayudan a orientar a sus tribus.

En la Amazonía, entre tribus como los Ashaninka y los Yanomami, los sueños se consideran revelaciones directas del espíritu de la selva. Los chamanes de estas comunidades frecuentemente utilizan plantas de poder, como la ayahuasca, para inducir estados alterados de conciencia y ampliar la percepción de los sueños. En estos estados, se cree que el alma puede viajar más allá del cuerpo, encontrando espíritus de la naturaleza, curanderos y seres de otros planos. Las visiones obtenidas son compartidas con la tribu y pueden influir en decisiones sobre caza, cura de enfermedades e incluso conflictos entre grupos.

Para muchas de estas culturas, los sueños son una forma de aprendizaje tan legítima como la experiencia en vigilia. El conocimiento adquirido en un sueño puede ser tan válido como el obtenido a través de la observación directa, pues proviene de una fuente que trasciende el intelecto. El mundo onírico, en este contexto, no es una ilusión pasajera, sino una dimensión de existencia tan real como la vida cotidiana.

A diferencia de la visión científica occidental, que generalmente considera los sueños como un proceso neurológico sin significado trascendente, las tradiciones chamánicas los tratan como eventos fundamentales para la comprensión de la realidad. Este enfoque plantea preguntas interesantes sobre la naturaleza de la conciencia. Si culturas tan diversas afirman que los sueños pueden ser usados para acceder al conocimiento y transformar la vida, hay algo en estas prácticas que merece ser explorado más profundamente.

La conexión entre los sueños y la espiritualidad chamánica también se refleja en la manera en que estas tradiciones lidian con las pesadillas. Mientras que en la psicología moderna las pesadillas suelen ser interpretadas como reflejos de miedos internos o traumas no resueltos, para los chamanes pueden ser manifestaciones de desequilibrios energéticos o incluso intentos de comunicación de espíritus o fuerzas de la naturaleza. En lugar de evitar estos sueños, se anima al practicante a enfrentarlos y comprenderlos. Algunas tribus enseñan que una pesadilla puede ser una prueba, un desafío a ser superado dentro del sueño, permitiendo que el soñador adquiera fuerza y sabiduría.

Otro aspecto notable de la visión indígena sobre los sueños es el papel que desempeñan en la vida comunitaria. En muchas sociedades tradicionales, al despertar, los miembros de la tribu comparten sus sueños con los demás, buscando significados y orientaciones para el día. En algunas culturas africanas, por ejemplo, hay reuniones matutinas en las que se discuten colectivamente los sueños de la noche anterior. Lo mismo ocurre en algunas aldeas norteamericanas, donde los ancianos ayudan a interpretar los sueños de los jóvenes y a orientarlos sobre qué hacer con estos mensajes.

Aunque la ciencia moderna se ha alejado de estas interpretaciones, hay algo valioso en la manera en que estas culturas tratan los sueños: los respetan. En lugar de descartarlos como meras creaciones del inconsciente, los ven como parte de una gran red de comunicación entre el individuo, su comunidad y el mundo espiritual. Esta actitud puede enseñar mucho a quien desea desarrollar la conciencia onírica, pues incentiva una relación más atenta y respetuosa con los propios sueños.

Al estudiar estas tradiciones, queda claro que la práctica de buscar la lucidez en los sueños no es una invención reciente, ni un fenómeno aislado. La humanidad siempre ha buscado maneras de interactuar conscientemente con el mundo onírico, ya sea para buscar conocimiento o para explorar territorios más allá de la vigilia. Los chamanes y las culturas indígenas han explorado esta posibilidad durante milenios, y sus métodos ofrecen pistas valiosas sobre cómo podemos profundizar nuestra propia práctica.

Para aquellos que desean aprender de estas tradiciones, una de las primeras lecciones es prestar más atención a los sueños. Crear el hábito de anotarlos, reflexionar sobre sus significados y compartirlos con otras personas puede ayudar a fortalecer la conexión con el mundo onírico. Además, la valentía para enfrentar las pesadillas y la disposición para explorar los símbolos que surgen en los sueños pueden abrir puertas a descubrimientos transformadores.

La visión chamánica nos recuerda que los sueños son más que imágenes efímeras que desaparecen al despertar. Son territorios a ser explorados, mensajes a ser descifrados y, tal vez, una invitación a expandir nuestra comprensión de la propia realidad. Así como los antiguos maestros indígenas navegaban por el mundo de los sueños en busca de respuestas, cualquier persona puede aprender a hacer lo mismo, usando la lucidez onírica como un medio para viajar entre mundos y desvelar los misterios de la propia mente.

Capítulo 12
El Sueño Lúcido en la Era Moderna

La comprensión de los sueños lúcidos ha evolucionado significativamente a lo largo del tiempo, pasando del ámbito de las creencias esotéricas y místicas a convertirse en objeto de estudios científicos y herramienta de desarrollo personal. Actualmente, esta práctica ya no se considera un fenómeno aislado o restringido a experiencias espontáneas, sino más bien una habilidad que se puede entrenar y que es capaz de proporcionar beneficios que van desde la exploración creativa hasta la mejora de la salud mental. El avance de la neurociencia, junto con el creciente interés por los estados alterados de conciencia, ha traído nuevas perspectivas sobre la lucidez onírica, permitiendo que un número cada vez mayor de personas acceda y comprenda este fascinante aspecto de la mente humana. El sueño lúcido, por lo tanto, no solo amplía la percepción de la realidad, sino que también abre puertas al autoconocimiento y a la experimentación de posibilidades que, en la vigilia, estarían limitadas por las leyes físicas.

Desde finales del siglo XIX, cuando comenzaron a surgir en Occidente los primeros relatos sistemáticos sobre sueños lúcidos, hasta nuestros días, la búsqueda por comprender e inducir este fenómeno ha movilizado a estudiosos, practicantes y entusiastas de todo el mundo. El psiquiatra holandés Frederik van Eeden fue uno de los primeros en describir detalladamente la experiencia de la lucidez onírica y, a partir de entonces, las investigaciones comenzaron a desarrollarse, aunque de manera marginal. Fue solo con los avances de la neurociencia y la psicología experimental en el siglo XX que la validez de los sueños lúcidos pasó a ser ampliamente reconocida. Los experimentos conducidos por Stephen LaBerge en la Universidad de Stanford, por ejemplo, demostraron científicamente que era posible estar consciente dentro de un sueño e incluso interactuar con el ambiente onírico de manera controlada. Estos descubrimientos no solo legitimaron el tema en el medio académico, sino que también posibilitaron el desarrollo de técnicas accesibles para que cualquier persona pudiera experimentar la lucidez en los sueños.

El impacto de esta práctica va mucho más allá de la mera curiosidad científica. A lo largo de los años, el sueño lúcido se ha explorado como una herramienta poderosa para la mejora de habilidades, la superación de traumas y la expansión de la creatividad. Técnicas desarrolladas por investigadores y practicantes permiten que los soñadores aprendan a interactuar conscientemente con sus propios miedos, enfrentando pesadillas recurrentes y resignificando experiencias traumáticas. Además, atletas y artistas han utilizado los sueños lúcidos como un espacio de entrenamiento mental, donde pueden perfeccionar técnicas y probar nuevas ideas sin las limitaciones del mundo físico. Con el avance de la tecnología, se han creado dispositivos y aplicaciones para ayudar en la inducción de la lucidez onírica, haciendo la experiencia más accesible y frecuente. La cultura popular también ha desempeñado un papel crucial en la difusión del tema, con películas, libros y videojuegos que exploran la posibilidad de manipulación consciente de los sueños, despertando la curiosidad del público e incentivando nuevas investigaciones. Hoy, la exploración del sueño lúcido no es solo un campo de estudio, sino un fenómeno que se expande constantemente, uniendo ciencia, tecnología y tradición en la búsqueda por comprender y transformar la mente humana.

El redescubrimiento de los sueños lúcidos en el Occidente moderno comenzó a finales del siglo XIX y principios del siglo XX, cuando psiquiatras e investigadores de fenómenos mentales comenzaron a interesarse por el asunto. El término "sueño lúcido" fue acuñado en 1913 por el psiquiatra holandés Frederik van Eeden, quien documentó sus propias experiencias de lucidez onírica. Se dio cuenta de que, en ciertos sueños, tenía plena conciencia de que estaba soñando y podía, en algunos casos, modificar los acontecimientos. Este relato llamó la atención de otros investigadores, pero durante mucho tiempo los sueños lúcidos permanecieron al margen de la ciencia, vistos más como una curiosidad que como un fenómeno digno de estudio sistemático.

En los años 1970 y 1980, todo comenzó a cambiar con los experimentos conducidos por Stephen LaBerge en la Universidad de Stanford. Decidido a probar científicamente que la lucidez en los sueños era real y verificable, LaBerge desarrolló un protocolo en el que soñadores lúcidos hacían señales oculares específicas mientras estaban durmiendo. Como los movimientos oculares no se paralizan durante el sueño REM, los investigadores lograron registrar estas señales en tiempo real, probando que el sueño lúcido no era solo un relato subjetivo, sino un estado medible de la mente.

A partir de estos descubrimientos, LaBerge no solo legitimó el fenómeno en el medio académico, sino que también desarrolló métodos prácticos para inducir sueños lúcidos de forma sistemática. Creó la técnica de inducción mnemónica del sueño lúcido, basada en la intención y repetición de comandos mentales antes de dormir, y publicó libros que llevaron la práctica al gran público. Con esto, el sueño lúcido dejó de ser un fenómeno esporádico para convertirse en una habilidad entrenable, accesible a cualquier persona dispuesta a practicar.

En la misma época, el interés por los sueños lúcidos fue impulsado por movimientos ligados a la espiritualidad y a la conciencia expandida. El libro "El Arte de Ensoñar", de Carlos Castaneda, llevó el concepto a un público más amplio al describir enseñanzas chamánicas sobre la conciencia onírica. Aunque su obra mezcla ficción y realidad, ayudó a popularizar la idea de que el mundo de los sueños podría ser explorado de manera consciente, reforzando el interés por prácticas que llevaran a la lucidez onírica.

Con la llegada de la era digital, el estudio y la práctica de los sueños lúcidos se expandieron aún más. Foros en línea, comunidades de soñadores lúcidos y grupos de estudio comenzaron a formarse, permitiendo que personas de todo el mundo compartieran experiencias, técnicas y descubrimientos. El acceso a información científica también se hizo más fácil, permitiendo que un número creciente de personas se interesara por este fenómeno.

Al mismo tiempo, la tecnología comenzó a desempeñar un papel crucial en la inducción y el estudio de los sueños lúcidos. Dispositivos como máscaras de sueño lúcido, que emiten señales luminosas o sonoras durante el sueño REM para alertar al soñador de que está soñando, fueron desarrollados para facilitar el proceso de inducción. Aplicaciones para teléfonos móviles comenzaron a surgir, ayudando a los practicantes a registrar y analizar sus sueños, mientras la neurociencia avanzaba en el mapeo del cerebro durante la lucidez onírica.

Más allá del aspecto experimental y tecnológico, el sueño lúcido pasó a ser explorado en diversas áreas, incluyendo la psicología y la medicina. Terapias basadas en sueños lúcidos comenzaron a ser usadas para tratar pesadillas recurrentes y trastornos del sueño. Pacientes con estrés postraumático aprendieron a interactuar conscientemente con sus pesadillas, reduciendo el impacto emocional de los recuerdos traumáticos. Atletas y artistas descubrieron que podían practicar mentalmente dentro de los sueños lúcidos, perfeccionando habilidades y explorando nuevas formas de creatividad.

El interés por el tema creció tanto que, hoy, universidades y centros de investigación realizan estudios sobre los efectos y aplicaciones de los sueños lúcidos. Los científicos investigan cómo este fenómeno puede impactar la neuroplasticidad del cerebro, mejorar el aprendizaje e incluso ofrecer *insights* sobre la naturaleza de la conciencia. Algunas investigaciones exploran la posibilidad de utilizar la lucidez onírica para simular y resolver problemas complejos, aprovechando la libertad mental que los sueños proporcionan.

Más allá del ámbito académico, la cultura popular también ayudó a difundir el concepto de los sueños lúcidos. Películas como "Origen" ("Inception") exploraron la idea de un mundo onírico donde las personas pueden manipular la realidad, despertando la curiosidad del público sobre la posibilidad de controlar los propios sueños. Series, libros y videojuegos pasaron a abordar el tema, reflejando el creciente interés de la sociedad por estados de conciencia alternativos.

El sueño lúcido, que antes era visto como un fenómeno raro y poco comprendido, ahora ocupa un espacio cada vez mayor en el campo de la exploración mental y el desarrollo humano. No solo comprueba la plasticidad de la mente, sino que también ofrece un vistazo a las posibilidades infinitas que existen dentro de la conciencia. Lo que antes era un conocimiento restringido a unos pocos ahora está disponible para cualquier persona interesada en explorar el mundo de los sueños con plena conciencia.

El futuro de los estudios sobre sueños lúcidos parece prometedor. A medida que la ciencia avanza y surgen nuevas tecnologías, más personas tendrán acceso a métodos para inducir y explorar este estado. Lo que antes era un misterio ahora se convierte en una herramienta para el autoconocimiento, la creatividad y la comprensión de la mente humana. Al unir conocimiento antiguo y moderno, tradición e innovación, los sueños lúcidos continúan evolucionando como uno de los territorios más fascinantes de la experiencia humana.

Capítulo 13
Preparándose para la Travesía Onírica

La preparación para la travesía onírica comienza mucho antes de cerrar los ojos para dormir; implica la creación de un ambiente adecuado, el desarrollo de hábitos saludables y la construcción de una mentalidad propicia para la lucidez onírica. El primer paso fundamental es cultivar una relación más profunda con los propios sueños, reconociendo su importancia y prestando atención a los detalles de cada experiencia nocturna. Muchas veces, la dificultad para alcanzar la lucidez no reside en la incapacidad del cerebro para despertar dentro del sueño, sino en la falta de familiaridad e involucramiento con el propio mundo onírico. Crear el hábito de registrar los sueños en un diario al despertar es una de las formas más eficaces de fortalecer esta conexión, ya que permite identificar patrones, temas recurrentes y señales que pueden utilizarse como desencadenantes para la lucidez. Cuanto más se escribe y reflexiona sobre los sueños, más aprende el cerebro a valorar y recordar estas experiencias, aumentando naturalmente la frecuencia de la conciencia onírica.

Además del registro de los sueños, la preparación física y mental desempeña un papel crucial en la travesía onírica. El sueño de calidad es esencial para cualquier práctica de lucidez, pues es durante las fases más profundas del sueño REM cuando los sueños se vuelven más vívidos y propicios para el despertar de la conciencia. Crear un ambiente de descanso ideal significa minimizar las distracciones externas, regular la temperatura de la habitación y evitar la exposición a luces artificiales antes de dormir, especialmente aquellas emitidas por pantallas de dispositivos electrónicos. De igual forma, los hábitos alimenticios también influyen en la experiencia onírica: una dieta equilibrada, con la ingesta de alimentos ricos en triptófano y vitamina B6, puede potenciar la intensidad de los sueños y favorecer la memoria onírica. Evitar estimulantes como la cafeína y el alcohol antes de dormir contribuye a un sueño más profundo y reparador, esencial para alcanzar estados de lucidez dentro de los sueños.

La preparación mental involucra tanto la programación de la intención como el control de las emociones asociadas a la experiencia onírica. La repetición de afirmaciones antes de dormir, como "esta noche estaré consciente en mis sueños", funciona como una sugestión hipnótica que refuerza la expectativa de lucidez. La visualización también es una técnica poderosa: imaginarse dentro de un sueño lúcido, experimentando sensaciones e interactuando conscientemente con el ambiente onírico, crea un condicionamiento mental que aumenta la probabilidad de vivenciar este estado en la práctica. Además, es esencial enfrentar posibles recelos inconscientes en relación con el sueño lúcido, como el miedo a lo desconocido o a la pérdida de control. Cultivar una actitud de curiosidad y exploración, comprendiendo que el sueño lúcido es un espacio seguro para la experimentación, ayuda a disipar inseguridades y bloqueos emocionales que puedan dificultar la experiencia. Con la preparación adecuada, la travesía onírica se vuelve más accesible y gratificante, proporcionando experiencias ricas, transformadoras y cada vez más frecuentes.

El ambiente donde se duerme desempeña un papel crucial en la calidad del sueño y, consecuentemente, en la experiencia onírica. Una habitación oscura, silenciosa y confortable favorece ciclos de sueño más estables, aumentando las posibilidades de alcanzar el sueño REM de forma plena. Evitar luces artificiales fuertes antes de dormir, especialmente las emitidas por pantallas de celulares y computadoras, ayuda a regular la producción de melatonina, la hormona responsable del sueño. La temperatura del ambiente también influye en el descanso, siendo recomendable un espacio fresco y ventilado. Pequeños ajustes en el lugar de descanso pueden marcar una diferencia significativa en la profundidad de los sueños y en la facilidad para alcanzar estados de lucidez.

Además de las condiciones externas, la preparación mental también es esencial. Muchas personas se adentran en el sueño cargadas de preocupaciones, pensamientos dispersos y emociones desorganizadas, lo que puede tornar los sueños caóticos y difíciles de recordar. Crear un ritual antes de dormir, como la meditación o técnicas de relajación, ayuda a calmar la mente y a dirigir la intención hacia la lucidez onírica. Prácticas de respiración profunda y visualización antes de adormecerse pueden ser especialmente útiles para establecer una conexión más consciente con el mundo de los sueños.

Otro aspecto fundamental es la programación de la intención. A lo largo de la historia, tradiciones espirituales y prácticas de incubación de sueños han demostrado que definir una intención clara antes de dormir puede influir directamente en el contenido onírico. Repetir mentalmente frases como "esta noche estaré consciente en mi sueño" o visualizar un escenario específico dentro del sueño refuerza esta programación, aumentando la probabilidad de despertar dentro de la experiencia onírica. La repetición diaria de esta práctica fortalece el vínculo entre la conciencia despierta y la conciencia onírica.

El sueño regular y bien estructurado es uno de los principales pilares para la práctica de los sueños lúcidos. Crear una rutina de horarios fijos para dormir y despertar estabiliza los ciclos del sueño, garantizando que los períodos REM –donde los sueños lúcidos son más probables– ocurran de forma predecible. Las personas que duermen pocas horas por noche o tienen patrones de sueño irregulares pueden tener dificultad para desarrollar la lucidez onírica, ya que la inestabilidad del sueño interfiere en la capacidad del cerebro para entrar en estados profundos de conciencia.

La relación entre la dieta y los sueños también merece atención. Algunos alimentos y sustancias pueden influir en la calidad del sueño y la intensidad de los sueños. Evitar la cafeína, la nicotina y otras sustancias estimulantes en las horas previas al sueño puede ayudar a mantener un descanso más profundo. Hay evidencias de que ciertos alimentos ricos en vitamina B6 pueden aumentar la vivacidad de los sueños, así como algunos suplementos que estimulan la actividad cerebral durante el sueño REM. Sin embargo, cualquier experimento con suplementos debe realizarse con cautela y responsabilidad, priorizando siempre un sueño natural y saludable.

Además de estas preparaciones físicas y mentales, es importante abordar los aspectos emocionales y psicológicos de la práctica de los sueños lúcidos. Muchas personas tienen recelos inconscientes sobre la idea de despertar dentro de sus propios sueños, temiendo perder el control o enfrentar experiencias desconocidas. Este tipo de bloqueo puede impedir el progreso en la travesía onírica. Una manera de superar este miedo es desarrollar una mentalidad de curiosidad y exploración, recordando que el sueño lúcido es un ambiente seguro donde nada puede causar daño real.

Otro aspecto psicológico importante es la paciencia. El desarrollo de la lucidez en los sueños es un proceso gradual, que exige constancia y dedicación. Algunas personas consiguen tener sueños lúcidos rápidamente, mientras que otras necesitan semanas o meses de práctica antes de alcanzar resultados satisfactorios. Evitar frustraciones y mantener un abordaje ligero y positivo ayuda a mantener la motivación a lo largo del camino.

El autoconocimiento desempeña un papel esencial en la preparación para la travesía onírica. Cada persona tiene una relación única con los sueños, y entender los propios patrones oníricos puede facilitar la inducción de la lucidez. Observar qué tipos de sueños son más frecuentes, qué emociones predominan y qué elementos aparecen con regularidad puede proporcionar pistas valiosas para reconocer cuándo se está soñando.

La travesía hacia la lucidez onírica comienza mucho antes de adormecerse. Crear un ambiente propicio, establecer una rutina de sueño saludable, preparar la mente con intención y superar posibles bloqueos emocionales son pasos fundamentales para quien desea explorar el mundo de los sueños de forma consciente. Al alinear estos elementos, el soñador establece una base sólida para experiencias más ricas, estables y significativas, abriendo camino para el verdadero dominio del universo onírico.

Capítulo 14
Manteniendo un Diario de Sueños

Llevar un registro regular de los sueños es un ejercicio poderoso que fortalece la conexión entre la mente consciente y el mundo onírico. Esta práctica permite al soñador comprender mejor sus experiencias nocturnas y, como consecuencia, aumentar sus probabilidades de alcanzar la lucidez dentro de los sueños. Mantener un diario de sueños no solo mejora la memoria onírica, sino que también ayuda a identificar patrones recurrentes, emociones subyacentes y símbolos personales que pueden servir como detonantes para la conciencia durante el sueño. Cuando el cerebro es entrenado para darle importancia a los sueños, responde intensificando su capacidad de recordarlos y haciendo que las imágenes oníricas sean más vívidas y detalladas. De esta manera, el diario se convierte en un verdadero mapa del viaje interior, proporcionando al soñador una forma de navegar con mayor claridad por el universo de los sueños.

Para obtener los mejores resultados con un diario de sueños, es esencial establecer una rutina disciplinada de registro inmediato al despertar. En los primeros momentos tras abrir los ojos, los recuerdos de los sueños aún están frescos, pero tienden a desvanecerse rápidamente si no se anotan. Permanecer unos instantes en silencio, con los ojos cerrados y concentrado en recuperar fragmentos del sueño, puede ayudar a rescatar detalles importantes antes de que se disipen. Aunque al principio los recuerdos sean vagos o incompletos, anotar palabras clave o imágenes sueltas ya contribuye a fortalecer la memoria onírica. Con el tiempo, la práctica continua aumenta la capacidad de recordar, permitiendo que el soñador recuerde no solo uno, sino múltiples sueños por noche, incluyendo sus secuencias y transiciones. Además, describir los sueños con riqueza de detalles (registrando escenarios, sensaciones, diálogos y emociones) mejora la percepción de la experiencia onírica y facilita la identificación de elementos que se repiten a lo largo del tiempo.

Otro aspecto fundamental del diario de sueños es el análisis de los registros acumulados. Al revisar periódicamente las anotaciones, los patrones comienzan a emerger: ciertos lugares, personajes o situaciones tienden a repetirse, revelando señales de los sueños que pueden usarse como disparadores para la lucidez. Reconocer estos patrones y entrenarlos en la mente despierta aumenta la probabilidad de darse cuenta de que se está soñando, un paso esencial para el desarrollo de la conciencia onírica. Además, la interpretación de los sueños puede ofrecer valiosas perspectivas sobre la psique del soñador, ayudando en el autoconocimiento y la comprensión de conflictos internos. Mantener este hábito no solo enriquece la experiencia del sueño lúcido, sino que también transforma el acto de soñar en un viaje de aprendizaje y exploración continua, en el que la mente se vuelve más receptiva a los mensajes que emergen del inconsciente.

Muchas personas creen que no sueñan porque rara vez recuerdan algo al despertar. Sin embargo, la verdad es que todos soñamos varias veces por noche, especialmente durante la fase REM del sueño. El problema no radica en la ausencia de sueños, sino en la dificultad para capturarlos antes de que se desvanezcan. Al igual que un músculo que no se utiliza se debilita, la memoria de los sueños puede mejorarse con práctica y atención. Cuanto más se acostumbra un individuo a anotar lo que recuerda, más detalles comienzan a surgir, y la sensación de inmersión en los sueños se intensifica.

El diario de sueños debe estar siempre al lado de la cama, listo para ser utilizado tan pronto como el soñador se despierte. La primera regla al despertar es evitar movimientos bruscos y mantener los ojos cerrados por unos instantes, intentando recuperar cualquier fragmento de sueño antes de permitir que la mente se distraiga con los estímulos del entorno. Tan pronto como surge un recuerdo, aunque sea vago o inconexo, es esencial registrarlo inmediatamente. Se pueden anotar primero palabras clave, para luego ampliar los detalles a medida que la memoria se vuelve más clara.

La forma en que se registran los sueños también marca la diferencia. Escribir de forma narrativa, describiendo los eventos como si fueran una historia, ayuda a fortalecer la conexión con el contenido onírico. Detalles como colores, emociones, sensaciones físicas y diálogos deben incluirse siempre que sea posible. Incluso los sueños fragmentados o aparentemente sin sentido deben ser anotados, ya que los patrones pueden emerger con el tiempo. Además, incluir la fecha y un título para cada sueño puede facilitar la organización y el análisis posterior.

Además de la escritura, se pueden explorar otras formas de registro. Algunas personas prefieren dibujar los escenarios o personajes de los sueños, mientras que otras utilizan grabaciones de audio para registrar los recuerdos de forma más rápida antes de que se desvanezcan. Lo importante es crear un hábito consistente, ya que la regularidad en el registro fortalece la memoria onírica y prepara el camino para la lucidez.

El análisis de los sueños registrados es otro aspecto esencial de la práctica. Al revisar el diario periódicamente, los patrones comienzan a surgir. Ciertos lugares, personas o temas pueden aparecer con frecuencia, indicando elementos recurrentes de la psique del soñador. Estos patrones se conocen como señales de los sueños, elementos que pueden servir como detonantes para la lucidez onírica. Cuando el soñador reconoce estas señales dentro de un sueño, es más probable que se dé cuenta de que está soñando.

Además de identificar patrones, la reflexión sobre los sueños puede revelar aspectos profundos de la mente inconsciente. Emociones reprimidas, preocupaciones y deseos pueden manifestarse simbólicamente en los sueños, proporcionando material para el autoconocimiento. Algunas personas utilizan el diario de sueños como una herramienta de introspección, buscando conexiones entre los temas oníricos y los eventos de la vida cotidiana.

La práctica del registro de los sueños también ayuda a que los sueños sean más vívidos. Cuando la mente percibe que el contenido onírico está siendo valorado, los sueños tienden a volverse más detallados y envolventes. Los soñadores que mantienen diarios reportan un aumento en la claridad de los escenarios, la profundidad de las interacciones y la intensidad de las emociones dentro de los sueños. Este aumento en la vivacidad facilita la transición a la lucidez, ya que cuanto más realista parece un sueño, mayor es la probabilidad de que el soñador cuestione su naturaleza.

El diario de sueños no es solo un registro pasivo, sino una herramienta activa de entrenamiento para la lucidez onírica. Fortalece la memoria de los sueños, revela patrones ocultos, amplía la conciencia sobre el mundo onírico y crea un puente entre el estado de vigilia y el estado de sueño. Con el tiempo, este hábito se convierte en una parte natural de la rutina del soñador, transformando el acto de dormir en una experiencia más rica y significativa.

Al comprometerse con esta práctica, el soñador establece una base sólida para las siguientes etapas del viaje. Con una memoria onírica más aguda y un repertorio de sueños bien documentado, estará más preparado para reconocer cuándo está soñando y, eventualmente, tomar el control de su experiencia dentro del mundo onírico.

Capítulo 15
Mejorando el Recuerdo de los Sueños

La memoria onírica es una habilidad que se puede entrenar y perfeccionar con dedicación y método, permitiendo al soñador acceder con mayor claridad a sus experiencias durante el sueño y utilizarlas como base para alcanzar la lucidez. Aunque todos soñamos cada noche, muchas personas tienen dificultades para recordar estas vivencias porque el cerebro no prioriza automáticamente la retención de la información onírica. Por lo tanto, para fortalecer este recuerdo, es necesario adoptar estrategias que ayuden a capturar y almacenar los sueños antes de que se desvanezcan. El primer paso, y el más importante, es desarrollar una intención clara de recordar los sueños. Esto se puede lograr mediante la repetición mental antes de dormir, estableciendo el compromiso de recordar los sueños al despertar. Este simple ejercicio de sugestión dirige el foco de la mente hacia la experiencia onírica, aumentando la probabilidad de que los sueños sean recuperados con mayor facilidad.

La forma en que nos despertamos también influye directamente en la capacidad de retener los recuerdos de los sueños. Lo ideal es evitar movimientos bruscos al despertar, ya que la transición rápida entre el sueño y la vigilia puede borrar por completo los recuerdos oníricos.

Permanecer con los ojos cerrados por unos instantes e intentar revivir mentalmente las últimas sensaciones o imágenes percibidas antes de despertar ayuda a rescatar fragmentos de los sueños. Si el recuerdo parece vago, cambiar de posición en la cama puede estimular diferentes áreas de la memoria y recuperar detalles adicionales. Además, mantener un diario de sueños junto a la cama y registrar inmediatamente cualquier fragmento recordado fortalece el hábito de prestar atención a los sueños, entrenando a la mente para retenerlos por más tiempo. Aunque al principio las anotaciones sean solo palabras sueltas o imágenes desconectadas, con el tiempo, la memoria onírica se expande, permitiendo la evocación de secuencias más largas y detalladas.

Otros factores también influyen en la capacidad de recordar los sueños, como la calidad del sueño y la alimentación. Dormir el tiempo suficiente para alcanzar las etapas más profundas del sueño REM aumenta la intensidad de los sueños y su probabilidad de ser recordados. Tener un horario regular para dormir y despertar contribuye a un ciclo de sueño estable, lo que mejora la retención de la memoria onírica. Además, ciertos alimentos, como aquellos ricos en vitamina B6 y triptófano, pueden estimular la actividad cerebral durante el sueño y potenciar la viveza de los sueños. Asociando estos hábitos a una postura mental atenta y curiosa en relación con el mundo onírico, el recuerdo de los sueños se vuelve progresivamente más nítido, proporcionando una base sólida para alcanzar y explorar la lucidez con mayor frecuencia y control.

El cerebro humano tiene la capacidad natural de soñar todas las noches, pero el recuerdo de estos eventos depende de factores específicos. Al despertar, los sueños suelen desaparecer rápidamente, a menudo en cuestión de minutos. Esto ocurre porque el cerebro prioriza la información de la vigilia, y los sueños, al ser experiencias que no poseen una conexión directa con la realidad objetiva, no se almacenan de manera eficiente en la memoria a largo plazo. Para sortear esta limitación, se pueden adoptar algunas estrategias para capturar los fragmentos de los sueños antes de que se disipen.

El primer paso para mejorar el recuerdo de los sueños es entrenar el despertar de forma consciente. Al abrir los ojos por la mañana, lo ideal es evitar cualquier movimiento brusco y permanecer en la misma posición por unos instantes. Mover el cuerpo rápidamente o comenzar a pensar en las tareas del día puede interrumpir el proceso de recuperación de la memoria onírica. Permanecer con los ojos cerrados e intentar recordar qué estaba sucediendo antes del despertar ayuda a traer a la superficie fragmentos de los sueños. Si nada surge inmediatamente, cambiar de posición en la cama puede activar diferentes estados de la memoria y recuperar recuerdos que parecían perdidos.

Otro factor que influye en la evocación de los sueños es la duración del sueño. El sueño REM, donde ocurren los sueños más vívidos, se vuelve más frecuente en las últimas horas de la noche. Por eso, las personas que duermen poco o tienen patrones de sueño irregulares tienden a recordar menos los sueños. Tener una rutina de sueño estable y garantizar un tiempo adecuado de descanso favorece el aumento de la actividad onírica y mejora la capacidad de recordar los sueños al despertar.

La sugestión antes de dormir es una técnica eficaz para reforzar la memoria de los sueños. Antes de quedarse dormido, repetir mentalmente frases como "voy a recordar mis sueños al despertar" ayuda a programar la mente para valorar las experiencias oníricas. La repetición de estas afirmaciones crea una intención clara, aumentando la probabilidad de que el cerebro retenga y recupere la información de los sueños al despertar. Esta técnica es especialmente eficaz cuando se combina con un diario de sueños, ya que al registrar los sueños regularmente, la mente comienza a entender que este contenido es relevante y digno de ser recordado.

Despertar durante la noche también puede ser una estrategia útil. Como los sueños ocurren en diferentes ciclos a lo largo de la noche, despertar en el momento justo puede facilitar el recuerdo. Algunas personas utilizan despertadores ajustados para horarios en los que es más probable que estén saliendo de un período REM, lo que aumenta las posibilidades de recordar los sueños antes de que sean borrados por la transición a una etapa más profunda del sueño. Otras prefieren despertar naturalmente durante la noche y registrar cualquier fragmento de sueño que venga a la mente, aunque sea solo una sensación o un breve escenario.

La alimentación y la bioquímica del cuerpo también desempeñan un papel importante en la memoria de los sueños. Estudios indican que la vitamina B6 puede aumentar la viveza y el recuerdo de los sueños, ya que participa en la conversión de triptófano en serotonina, un neurotransmisor involucrado en la regulación del sueño y los procesos cognitivos. Alimentos ricos en triptófano, como el plátano, las nueces y los lácteos, pueden contribuir a un sueño más profundo y una mejor memoria onírica. Sin embargo, cualquier alteración en la dieta debe hacerse con equilibrio, ya que el exceso de estimulantes o alimentos muy pesados antes de dormir puede interferir en la calidad del descanso.

Además de estas estrategias, desarrollar una actitud de curiosidad y atención a los sueños hace que la mente se vuelva más sensible a ellos. Durante el día, reflexionar sobre los sueños pasados, imaginar cómo serían sus desenlaces y compartir experiencias oníricas con otras personas refuerza la conexión con el mundo de los sueños. Este hábito crea un estado mental propicio para reconocer y recordar los sueños con mayor facilidad.

La mejora de la memoria onírica no sucede instantáneamente, pero con paciencia y práctica, los sueños comienzan a volverse más accesibles. Al principio, puede que solo se recuerden fragmentos, pero con el tiempo, el recuerdo se vuelve más detallado y completo. Cuando esta habilidad está bien desarrollada, el siguiente paso en la jornada onírica se vuelve más natural: percibir los patrones recurrentes en los sueños y utilizar esta información para alcanzar la lucidez con mayor frecuencia y control.

Capítulo 16
Señales de los Sueños y Patrones Personales

La mente humana es un vasto escenario donde patrones ocultos emergen en los momentos de reposo, revelando aspectos profundos del subconsciente. Dentro del universo de los sueños, ciertos elementos se repiten de manera peculiar, manifestándose como símbolos recurrentes que, si se reconocen adecuadamente, se convierten en llaves para el despertar de la conciencia onírica. La identificación de estas señales no ocurre de manera aleatoria; por el contrario, refleja la organización interna de las experiencias, memorias y emociones de cada individuo. Cada persona lleva consigo un repertorio único de temas que permean sus sueños, funcionando como un reflejo de su psique y pudiendo servir como portales para el desarrollo de la lucidez. Este proceso de percepción y análisis de los sueños no solo permite un mayor dominio sobre las experiencias oníricas, sino que también posibilita una inmersión profunda en la propia esencia, favoreciendo el autodesocubrimiento y el perfeccionamiento de la conciencia.

Dentro de esta dinámica, la repetición de ciertos símbolos o situaciones en los sueños no es un fenómeno aleatorio, sino un mecanismo estructurado por el inconsciente, que se comunica por medio de imágenes y sensaciones. La mente utiliza patrones familiares para establecer una conexión entre el estado de vigilia y el mundo onírico, creando un hilo conductor que puede ser rastreado por el soñador atento. Casas desconocidas, paisajes recurrentes, figuras misteriosas o incluso la experiencia de volar son solo algunas de las manifestaciones que tienden a repetirse en los sueños, siendo fundamentales para la construcción de un sistema de reconocimiento onírico. Al percibir estos patrones, el individuo comienza a crear un mapa simbólico de su propia mente, identificando los elementos que pueden servir como señales de que está soñando. Este mapeo, cuando se combina con la práctica y el desarrollo de técnicas específicas, se convierte en una herramienta poderosa para alcanzar estados más profundos de lucidez y control dentro de los sueños.

El reconocimiento de los patrones oníricos no solo mejora la capacidad de volverse consciente dentro del sueño, sino que también revela aspectos emocionales y psicológicos que a menudo permanecen ocultos en el estado de vigilia. Los temas recurrentes pueden estar vinculados a experiencias pasadas, emociones reprimidas o incluso deseos no expresados, funcionando como un espejo simbólico de la mente inconsciente. Al registrar y analizar estos patrones, se vuelve posible comprender mejor las dinámicas internas que influyen tanto en la vida onírica como en la realidad despierta. El proceso de aprendizaje y familiarización con las señales de los sueños no solo expande la comprensión sobre el propio universo interior, sino que también abre el camino a experiencias oníricas más vívidas y controladas, permitiendo al soñador interactuar de forma intencional con el mundo de los sueños y explorar todo su potencial.

Cada persona posee un repertorio único de temas recurrentes en sus sueños. Algunos pueden soñar frecuentemente que están volando, mientras que otros pueden verse repetidamente dentro de una casa desconocida, reencontrando amigos de la infancia o enfrentando desafíos específicos. Estos elementos pueden manifestarse de formas variadas, pero el patrón subyacente se mantiene, creando oportunidades para que el soñador se dé cuenta de que está en un sueño.

El primer paso para utilizar las señales oníricas a favor de la lucidez es identificarlas conscientemente. Mantener un diario de sueños permite que los patrones se hagan evidentes con el tiempo. Al revisar las anotaciones regularmente, se hace posible percibir temas recurrentes, símbolos frecuentes y situaciones que surgen repetidamente. Anotar estas señales de manera organizada, creando una lista de posibles desencadenantes para la lucidez, aumenta la probabilidad de reconocerlos en el momento en que ocurren.

Las señales de los sueños se pueden clasificar en diferentes categorías. La primera de ellas son las señales personales, que incluyen elementos directamente relacionados con la historia y las emociones del soñador. Puede ser un lugar visitado frecuentemente en la infancia, un objeto significativo o incluso una sensación específica que siempre se manifiesta en el estado onírico. Estas señales son las más poderosas, ya que están profundamente arraigadas en la psique del individuo y tienen una mayor probabilidad de aparecer con frecuencia.

Otra categoría son las señales imposibles, que incluyen elementos que no podrían ocurrir en el mundo despierto. Personas que ya han fallecido apareciendo en el sueño, escenarios que desafían la física, cambios abruptos en el ambiente o incluso la presencia de habilidades extraordinarias, como la levitación y la telequinesis, son indicios claros de que se trata de un sueño. Sin embargo, debido a la inhibición del pensamiento crítico durante el sueño, el soñador normalmente acepta estas situaciones sin cuestionarlas. Al entrenar la mente para reconocer estas anomalías, la posibilidad de despertar la lucidez aumenta significativamente.

También existen las señales sutiles, que son más difíciles de percibir, pero que aun así indican que la realidad onírica está en funcionamiento. Sensaciones como dificultad para correr, cambios en la iluminación del ambiente, palabras que cambian cuando se releen e incluso la extraña lógica de los diálogos pueden ser indicadores valiosos de que algo está fuera de lo común. Estos detalles, aunque discretos, pueden servir como puntos de anclaje para despertar dentro del sueño.

Una estrategia eficaz para fortalecer el reconocimiento de estas señales es realizar la intención antes de dormir. Antes de adormecerse, el soñador puede revisar mentalmente las señales que identificó en sus sueños anteriores y afirmar que, en caso de encontrarlas nuevamente, sabrá que está soñando. Este condicionamiento mental prepara la mente para reaccionar con conciencia cuando estos elementos surjan en el estado onírico.

Además de identificar señales recurrentes, el desarrollo de un estado mental más cuestionador durante la vigilia puede aumentar la sensibilidad para percibir inconsistencias en el mundo de los sueños. Preguntarse repetidamente a lo largo del día si se está soñando y observar detalles de la realidad despierta ayuda a crear un hábito que puede ser transportado al estado onírico. Cuando esta práctica se convierte en parte del día a día, la mente comienza a repetir este cuestionamiento también en los sueños, facilitando el despertar de la lucidez.

Los patrones de los sueños no solo ayudan a inducir la lucidez, sino que también revelan aspectos profundos de la mente inconsciente. Ciertos temas recurrentes pueden estar relacionados con emociones no resueltas, experiencias pasadas o deseos reprimidos. Explorar estos patrones de forma consciente puede ofrecer *insights* valiosos sobre la propia psique, permitiendo una mayor comprensión de uno mismo.

A partir del momento en que el soñador aprende a reconocer las señales dentro del sueño, el camino hacia el control onírico se vuelve más fluido y natural. La lucidez comienza a ocurrir con más frecuencia y consistencia, ya que la mente ya está entrenada para identificar los elementos que indican que se está soñando. Al mejorar esta percepción, el siguiente paso será aprender a probar la realidad de forma activa, consolidando la conciencia onírica y preparándose para interactuar con los sueños de manera más intencional.

Capítulo 17
Pruebas de Realidad

La mente humana opera en un delicado equilibrio entre la vigilia y el sueño, procesando información de manera automática y rara vez cuestionando la realidad. Durante el estado de vigilia, confiamos plenamente en nuestras percepciones sensoriales y en la lógica de los eventos cotidianos, sin necesidad de pruebas constantes para validar la autenticidad del mundo que nos rodea. Sin embargo, dentro de los sueños, esta confianza ciega se mantiene, y el soñador acepta como normales incluso las situaciones más absurdas. La habilidad de discernir entre realidad y sueño exige el desarrollo de una mirada más crítica y cuestionadora, un hábito que necesita ser cultivado intencionalmente. Este entrenamiento mental consiste en desafiar las percepciones, incorporando pequeñas pruebas a lo largo del día para crear un reflejo automático que se extenderá a los sueños. La adopción de este método fortalece la posibilidad de alcanzar la lucidez onírica, permitiendo al individuo despertar dentro del propio sueño e interactuar conscientemente con él.

Las pruebas de realidad funcionan porque exploran las inconsistencias inherentes al mundo de los sueños. En el ambiente onírico, leyes naturales como la física, la coherencia espacial y la estabilidad visual son frecuentemente alteradas sin que el soñador se dé cuenta. Al introducir en la cotidianidad pequeños desafíos que cuestionan estas leyes, el cerebro pasa a reconocer de forma más eficiente las discrepancias cuando estas ocurren durante el sueño. Este proceso se basa en la repetición y el condicionamiento: al realizar pruebas regularmente a lo largo del día, la mente internaliza el hábito y lo transporta al estado onírico. No obstante, este entrenamiento exige más que la simple repetición mecánica de las pruebas; es necesario un estado genuino de duda y observación atenta. El acto de preguntarse sinceramente "¿estoy soñando ahora?" debe ir acompañado de un examen detallado del entorno y del intento real de encontrar anomalías que puedan indicar un sueño. Cuando se alcanza este nivel de atención, la práctica se vuelve mucho más eficaz y aumenta la frecuencia de los momentos de lucidez durante los sueños.

La aplicación sistemática de las pruebas de realidad permite al soñador transformar su propia mente en un instrumento de discernimiento. Pequeños detalles que antes pasaban desapercibidos comienzan a destacarse, y la percepción de la experiencia cotidiana se profundiza. Este aumento de la consciencia no solo beneficia la lucidez onírica, sino que también enriquece la forma en que se vivencia la realidad despierta. Cuestionar la propia existencia y observar minuciosamente los detalles del mundo circundante fortalece la capacidad de mantenerse presente y consciente en todas las situaciones. De esta forma, las pruebas de realidad se convierten no solo en una herramienta para el despertar en los sueños, sino también en un poderoso ejercicio de atención plena que impacta positivamente la calidad de la percepción diaria. A medida que este hábito se consolida, la barrera entre el estado despierto y el estado onírico se vuelve más tenue, y la transición a la lucidez en los sueños ocurre con naturalidad, permitiendo una exploración cada vez más profunda de la mente y del universo onírico.

Las pruebas de realidad son técnicas simples, pero extremadamente eficaces. Consisten en pequeños experimentos que desafían las reglas del mundo despierto y que, cuando se aplican dentro de un sueño, revelan su verdadera naturaleza. El secreto está en la repetición constante de estas pruebas durante el día, para que el hábito se transfiera automáticamente al estado onírico. Cuanto más entrena el soñador esta práctica, mayor es la probabilidad de realizarla dentro del sueño y darse cuenta de que está soñando.

Una de las pruebas más conocidas implica contar los dedos de la mano. En el mundo real, los dedos permanecen fijos, pero dentro de un sueño, a menudo aparecen distorsionados, con números alterados o formas extrañas. Otra prueba consiste en mirar un reloj digital o un texto escrito, desviar la mirada y luego volver a mirar. En el sueño, los números y las letras suelen cambiar de manera ilógica o confusa. De igual forma, intentar atravesar la palma de la mano con un dedo puede ser eficaz, ya que en el sueño esta acción puede ser posible, revelando la naturaleza onírica de la experiencia.

Otra estrategia poderosa es la prueba de la respiración. Si el soñador se tapa la nariz con los dedos e intenta respirar, en el mundo despierto el aire no pasará, pero dentro del sueño, muchas veces es posible seguir respirando con normalidad. Esta anomalía sirve como una señal clara de que se está en un sueño.

Además de las pruebas directas, la atención plena en la vida despierta ayuda a aumentar la sensibilidad para detectar detalles inusuales. Muchas veces, lo que impide la lucidez en los sueños es el hecho de que las personas pasan sus días en piloto automático, sin observar realmente el mundo a su alrededor. Al cultivar la consciencia plena, cuestionando el entorno y prestando atención a los detalles, el soñador desarrolla una mirada más crítica que puede ser llevada al estado onírico.

Crear recordatorios a lo largo del día para realizar pruebas de realidad puede ayudar a establecer este hábito. Definir momentos específicos, como al mirarse en el espejo, al cruzar una puerta o al escuchar un sonido específico, puede condicionar la mente a asociar esos momentos con la verificación de la realidad. Otra aproximación es usar un accesorio, como un anillo o pulsera, que sirva como un recordatorio para comprobar si se está soñando.

La clave para que estas pruebas funcionen reside en la seriedad con que se realizan. Muchas personas llevan a cabo las pruebas de forma automática, sin cuestionar realmente la realidad, lo que reduce su eficacia dentro del sueño. Para que la prueba tenga efecto, es necesario dudar genuinamente del propio estado, preguntándose de manera honesta: "¿Estoy soñando ahora?". Este pequeño acto de duda abre la posibilidad de que, dentro del sueño, la misma pregunta surja, conduciendo a la lucidez.

Otro punto importante es realizar más de una prueba siempre que haya sospecha de que se está soñando. Algunas veces, una única prueba puede fallar, especialmente si el soñador está muy inmerso en la narrativa del sueño. Por ello, al realizar una prueba, es recomendable combinarla con otra, garantizando una confirmación más sólida de la realidad.

Con la práctica regular de las pruebas de realidad y de la atención plena en el día a día, el reconocimiento del estado onírico se vuelve cada vez más natural. La mente comienza a cuestionar la propia existencia de manera espontánea, y el momento de la lucidez surge con mayor frecuencia. Este entrenamiento crea las bases para un control más refinado de los sueños, permitiendo al soñador no solo darse cuenta de que está soñando, sino también interactuar conscientemente con la experiencia. Con este hábito bien establecido, el siguiente paso será explorar formas de dirigir los sueños hacia objetivos específicos, profundizando aún más el dominio sobre el mundo onírico.

Capítulo 18
Incubación e Intención Onírica

La mente humana posee una capacidad asombrosa para dirigir sus experiencias oníricas a través de la intención y el enfoque consciente. Durante el estado de vigilia, los pensamientos y emociones moldean las percepciones e influyen en la forma en que el cerebro procesa la realidad. Este mismo principio se aplica al mundo de los sueños, donde las sugerencias y deseos formulados antes de dormir pueden afectar significativamente el contenido onírico. La incubación de sueños es un método que utiliza esta característica natural de la mente para guiar las experiencias nocturnas, permitiendo al soñador establecer propósitos específicos para sus sueños. Ya sea para alcanzar la lucidez, explorar escenarios determinados o encontrar respuestas a preguntas personales, la incubación posibilita un grado más elevado de interacción con el propio subconsciente. Esta práctica transforma el acto de soñar en algo deliberado y dirigido, estrechando el vínculo entre la consciencia y el mundo onírico.

El proceso de incubación comienza en el período que antecede al sueño, momento en que la mente entra en un estado de receptividad acentuada. La transición entre la vigilia y el sueño permite que las ideas e intenciones se infiltren más fácilmente en el subconsciente, influyendo en la construcción de los sueños. Para que la técnica funcione con eficacia, es esencial definir un objetivo claro. El soñador puede visualizar detalladamente lo que desea experimentar, repitiendo mentalmente frases afirmativas que refuercen su intención. Por ejemplo, si el objetivo es darse cuenta de que está soñando, una sugerencia eficaz puede ser: "Esta noche, reconoceré que estoy dentro de un sueño". Este tipo de afirmación programada dirige la atención del subconsciente para identificar elementos que señalen la naturaleza onírica de la experiencia. Además, la repetición constante de esta práctica fortalece la conexión entre deseo y manifestación, haciendo más probable que el soñador alcance su objetivo al dormirse.

Además de la formulación mental de la intención, algunos estímulos físicos pueden potenciar los efectos de la incubación. Escribir la intención en un cuaderno o colocar objetos simbólicos cerca del lugar de descanso refuerza la asociación entre el mundo despierto y el sueño. Mantener un diario de sueños también ayuda a identificar patrones recurrentes y a perfeccionar la técnica, permitiendo ajustes a lo largo del tiempo. Cuanto más familiarizado esté el soñador con sus propios temas oníricos, más efectiva será la incubación. Esta práctica no solo aumenta la incidencia de sueños lúcidos, sino que también sirve como un medio poderoso de exploración de la mente subconsciente. Con dedicación y paciencia, la capacidad de influir en los propios sueños se convierte en una herramienta valiosa tanto para el autoconocimiento como para la creatividad y el desarrollo personal.

La incubación comienza incluso antes de dormir, ya que es durante la transición entre la vigilia y el sueño cuando la mente se vuelve más receptiva a las sugestiones. La clave para un buen resultado está en la formulación de un propósito claro. En lugar de simplemente esperar que un tema aparezca en el sueño, el soñador necesita establecer una intención firme y específica. Esto se puede hacer repitiendo mentalmente una frase, visualizando una escena o escribiendo un pequeño guion para el sueño deseado. Por ejemplo, si el objetivo es reconocer que se está soñando, la sugestión puede ser algo como "esta noche, me daré cuenta de que estoy soñando". Si la intención es encontrar a una persona o un lugar, se puede visualizar esa experiencia repetidamente antes de dormirse.

El uso de recordatorios físicos también puede reforzar la incubación. Anotar el deseo en un papel y leerlo varias veces antes de dormir, o incluso dibujar un símbolo que represente la intención, ayuda a fijar la idea en el subconsciente. Algunas personas prefieren colocar objetos relacionados con el tema del sueño cerca de la cama, creando una asociación entre el entorno despierto y el mundo onírico. Pequeños rituales como estos fortalecen la conexión entre la conciencia diurna y el estado de sueño.

La repetición es un factor crucial para el éxito de la incubación. Cuanto más refuerza el soñador la intención, mayores son las posibilidades de que el cerebro procese esa información durante el sueño. Sin embargo, es importante encontrar un equilibrio entre determinación y relajación. La expectativa excesiva puede generar ansiedad, dificultando el proceso natural del sueño. Lo ideal es establecer la intención de manera firme, pero sin apegarse rígidamente al resultado, permitiendo que el subconsciente actúe libremente.

Además del contenido del sueño, la incubación también se puede usar para facilitar la lucidez. Un enfoque eficaz es vincular una señal del sueño identificada anteriormente a un recordatorio para cuestionar la realidad. Si un soñador ve agua frecuentemente en sus sueños, por ejemplo, puede programar su mente para que, siempre que encuentre agua, haga una prueba de realidad. Esta conexión consciente-inconsciente crea un desencadenante que puede llevar a la lucidez espontánea.

La eficacia de la incubación varía de persona a persona, pero la práctica continua aumenta su precisión. Incluso si los primeros resultados no son exactos, cualquier aproximación al tema deseado ya indica que la mente está respondiendo al proceso. Revisar el diario de sueños puede ayudar a ajustar el enfoque, identificando patrones y refinando las sugestiones hasta que se vuelvan más eficaces.

La incubación también se puede utilizar para resolver problemas o buscar ideas creativas. Muchos descubrimientos e invenciones han sido inspirados por sueños, y la mente, cuando se dirige correctamente, puede encontrar soluciones inesperadas para los desafíos del día a día. Al definir una intención antes de dormir, como encontrar una respuesta a una duda o visualizar un proyecto desde una nueva perspectiva, el soñador puede despertar con ideas frescas y percepciones valiosas.

Esta técnica no se limita a cuestiones prácticas, pudiendo aplicarse para el autoconocimiento y el crecimiento personal. Preguntas como "¿qué necesito entender sobre mí mismo?" o "¿cuál es el siguiente paso en mi desarrollo?" pueden formularse antes de dormir, permitiendo que el subconsciente traiga mensajes simbólicos y significativos. Estas respuestas pueden no ser obvias a primera vista, pero, al analizar los sueños con atención, los patrones y significados comienzan a emerger.

La incubación de sueños, cuando se combina con otras prácticas, como el diario de sueños y las pruebas de realidad, fortalece la conexión entre la conciencia despierta y la conciencia onírica. Cuanto más aprende el soñador a influir en sus sueños de forma deliberada, más naturalmente la lucidez se convertirá en parte de la experiencia onírica. Poco a poco, el control sobre los sueños deja de ser algo esporádico para convertirse en una habilidad refinada, que puede ser aplicada no solo para explorar mundos imaginarios, sino también para profundizar en el viaje del autoconocimiento y la creatividad.

Capítulo 19
Inducción Mnemónica del Sueño Lúcido

La mente humana posee una capacidad asombrosa para conectar la intención con la memoria, permitiéndonos recordar información precisa en el momento justo en que la necesitamos. Este principio, conocido como memoria prospectiva, es clave para la inducción mnemónica de los sueños lúcidos. A través de una programación mental deliberada, podemos condicionar al cerebro para que reconozca el estado onírico mientras soñamos, favoreciendo así la lucidez. Este enfoque aprovecha la habilidad natural de la mente para retener y recuperar información importante, fortaleciendo el vínculo entre la vigilia y el universo de los sueños. Cuando se aplica correctamente, esta técnica no solo incrementa la frecuencia de los sueños lúcidos, sino que también mejora el recuerdo y la comprensión de la propia experiencia onírica.

Para que la inducción mnemónica sea efectiva, es fundamental crear una fuerte intención antes de dormir. La mente debe ser entrenada para identificar elementos recurrentes en los sueños y, en el momento adecuado, activar la consciencia dentro del estado onírico. El método consiste en reforzar esta intención mediante la repetición mental y la visualización. El soñador debe formular frases directas y afirmativas, como "la próxima vez que esté soñando, me daré cuenta de que estoy en un sueño", concentrándose en este pensamiento con convicción. Además, visualizarse a sí mismo dentro de un sueño anterior, notando algo extraño y volviéndose lúcido, fortalece aún más esta asociación mental. Este tipo de práctica crea un reflejo interno que puede ser accionado en el momento oportuno, llevando al despertar de la consciencia dentro del sueño.

La repetición constante de este método, especialmente después de breves despertares durante la noche, amplía significativamente su eficacia. Dado que los períodos de sueño REM, en los que ocurren los sueños más vívidos, tienden a intensificarse en las últimas horas del descanso, la práctica de la inducción mnemónica al volver a dormir refuerza la conexión entre la intención y la experiencia onírica. La paciencia y la regularidad son esenciales para consolidar esta habilidad, haciendo que los sueños lúcidos sean más frecuentes y naturales. Con el tiempo, la mente se vuelve cada vez más receptiva a este proceso, permitiendo al soñador alcanzar un nivel más profundo de control sobre sus experiencias nocturnas. Esta técnica, cuando se aplica de forma continua, no solo facilita el despertar dentro de los sueños, sino que también amplía la comprensión de la relación entre la consciencia y el mundo onírico, abriendo camino a prácticas aún más avanzadas de exploración de la mente.

Esta técnica funciona mejor cuando se aplica justo después de un despertar, ya sea en medio de la noche o por la mañana, antes de volver a dormir. El primer paso es recordar el sueño más reciente, reviviéndolo mentalmente con el mayor detalle posible. Este proceso fortalece la memoria onírica y crea un nexo entre la consciencia despierta y el estado del sueño. Si el sueño contiene alguna señal característica que pudiera indicar que se trataba de un sueño, mucho mejor. Identificar estos elementos ayuda a reforzar la percepción crítica dentro de los próximos sueños.

Después de recordar el sueño, el siguiente paso es establecer una intención clara. El soñador debe repetir mentalmente una frase como: "La próxima vez que esté soñando, recordaré que estoy soñando". La repetición de esta afirmación no debe hacerse de manera automática, sino con plena convicción, sintiendo el significado detrás de las palabras. Cuanto más fuerte sea la intención, mayor será la probabilidad de que se manifieste en el momento preciso.

Además de la repetición mental, es útil visualizar el momento exacto en que uno se volverá lúcido. El soñador puede imaginarse dentro del sueño anterior, reconociendo un detalle extraño y dándose cuenta de que está soñando. Esta visualización refuerza la conexión entre la intención y la experiencia onírica real, entrenando a la mente para reaccionar de la manera deseada cuando el sueño ocurra nuevamente. Este proceso debe repetirse varias veces hasta que la sensación de expectativa quede bien establecida.

Otro aspecto importante de la técnica MILD es mantener la atención enfocada en esta intención hasta quedarse dormido. Muchas veces, lo que impide la lucidez es que la mente se dispersa rápidamente hacia otros pensamientos antes de dormir. Permanecer concentrado en el propósito de recordar el sueño y reforzar la intención lúcida al adormecerse aumenta significativamente la eficacia de la técnica. Si surgen distracciones, basta con regresar a la repetición mental y a la visualización, manteniéndose comprometido con el proceso.

La técnica MILD se vuelve aún más efectiva cuando se combina con despertares programados durante la noche. Como la mayoría de los sueños lúcidos ocurren en las últimas fases del sueño REM, despertar algunas horas antes del horario normal y aplicar la técnica antes de volver a dormir puede aumentar significativamente las posibilidades de éxito. Este método potencia la intención, pues el cerebro ya se encuentra en un estado propicio para seguir procesando las sugerencias implantadas antes del sueño.

La paciencia y la persistencia son factores esenciales para el éxito de esta práctica. Algunas personas obtienen resultados rápidamente, mientras que otras necesitan varios intentos antes de lograr un sueño lúcido. Lo importante es no rendirse si los primeros experimentos no resultan en lucidez inmediata. La repetición constante fortalece gradualmente la respuesta de la mente, haciendo que el despertar dentro del sueño sea cada vez más natural.

La aplicación de esta técnica no solo aumenta la frecuencia de los sueños lúcidos, sino que también mejora el recuerdo de los sueños y la conexión con el mundo onírico. El hábito de reforzar intenciones antes de dormir vuelve al soñador más consciente de su propia mente, ayudando a integrar la experiencia de los sueños a la vida despierta. A medida que la práctica se convierte en parte de la rutina, los sueños lúcidos dejan de ser eventos ocasionales y pasan a ocurrir con mayor regularidad.

Al dominar este enfoque, el soñador se acerca a un estado de control más refinado sobre su experiencia onírica. A partir de este punto, se vuelve posible explorar técnicas aún más avanzadas, potenciando la capacidad de entrar directamente en sueños lúcidos y prolongar la duración de estas experiencias. La práctica constante de esta técnica se traduce en un progreso gradual y continuo, consolidando la habilidad de despertar conscientemente dentro de los sueños de manera confiable y consistente.

Capítulo 20
Técnica WBTB

La arquitectura del sueño humano sigue patrones bien definidos, en los cuales la fase REM, responsable de los sueños más intensos y vívidos, se vuelve progresivamente más extensa a medida que avanza la noche. Este conocimiento permite aplicar técnicas específicas para optimizar la ocurrencia de sueños lúcidos, haciendo que el despertar consciente dentro del sueño sea una experiencia más predecible y controlable. La técnica WBTB (Wake Back to Bed, Despertar y Volver a la Cama) se basa en la idea de interrumpir temporalmente el sueño y regresar a él en el momento más propicio para la lucidez, aprovechando que, tras un breve despertar, la mente tiende a mantener un nivel de actividad más elevado al reingresar al estado onírico. Este método, aplicado correctamente, aumenta significativamente las posibilidades de darse cuenta de que se está soñando, brindando un mayor nivel de control y claridad dentro del sueño.

El primer paso para aplicar esta técnica eficientemente es planificar el momento exacto del despertar. Como el ciclo del sueño ocurre en fases de aproximadamente 90 minutos, la elección del horario ideal debe considerar la progresión natural de los períodos REM. En promedio, se recomienda interrumpir el sueño entre cuatro y seis horas después de dormirse, ya que es en este intervalo cuando los sueños se vuelven más largos y frecuentes. Al despertar, el soñador debe evitar movimientos bruscos, permaneciendo en un estado de calma e introspección. Recordar el sueño anterior puede ser un gran facilitador para la lucidez, pues revisitar mentalmente la experiencia reciente refuerza el vínculo entre el estado de vigilia y el onírico. En este momento, la mente está particularmente receptiva a la sugestión, por lo que repetir afirmaciones como "la próxima vez que sueñe, sabré que estoy soñando" es una estrategia altamente eficaz.

    La eficacia de esta técnica puede ampliarse ajustando el tiempo de vigilia antes de volver a dormir. Un intervalo de entre 5 y 30 minutos suele ser suficiente para mantener la mente activa sin comprometer el regreso al sueño. Durante este período, actividades ligeras como releer anotaciones de sueños anteriores, practicar meditación o simplemente reflexionar sobre el objetivo de alcanzar la lucidez ayudan a reforzar la intención. Sin embargo, es esencial encontrar un equilibrio: si el tiempo despierto es muy corto, la mente puede no estar lo suficientemente preparada para la lucidez; si es excesivo, puede ser difícil retomar el sueño y acceder a la fase REM de forma eficaz. La práctica continua permite al soñador descubrir la duración ideal para su propio ritmo biológico, ajustando la técnica de manera personalizada. Con la aplicación consistente de este método, los sueños lúcidos se vuelven más frecuentes, proporcionando no solo un mayor dominio sobre la experiencia onírica, sino también una comprensión más profunda de la interconexión entre la consciencia y el mundo de los sueños.

El primer paso para aplicar esta técnica es determinar un horario adecuado para el despertar. Como los ciclos de sueño duran aproximadamente 90 minutos, un buen punto de partida es programar una alarma para que suene entre cuatro y seis horas después de dormirse. Este intervalo es ideal porque interrumpe el sueño durante una fase en la que los sueños ya son más frecuentes y largos, pero aún permite volver a dormir sin comprometer el descanso.

Al despertar, es esencial no moverse bruscamente ni salir de la cama de forma abrupta. Mantenerse en un estado de calma ayuda a preservar el resquicio del sueño anterior, facilitando la transición de vuelta al sueño REM. En este momento, el soñador puede revisar el sueño más reciente y reforzar la intención de volverse lúcido al volver a dormir. La repetición mental de frases como "la próxima vez que sueñe, me daré cuenta de que estoy soñando" es una manera eficaz de programar la mente para la lucidez.

Permanecer despierto por un corto período antes de volver a dormir puede marcar una gran diferencia en el éxito de la técnica. El tiempo ideal varía entre 5 y 30 minutos, dependiendo de la persona. Durante este intervalo, algunas actividades ligeras pueden ayudar a mantener la mente comprometida sin despertarla por completo. Leer sobre sueños lúcidos, revisar un diario de sueños o incluso practicar una breve meditación son estrategias útiles para dirigir el enfoque hacia el objetivo de tener un sueño lúcido.

Sin embargo, es fundamental encontrar un equilibrio. Si el tiempo despierto es muy corto, la mente puede no estar lo suficientemente alerta para retener la intención de lucidez. Si es muy largo, puede ser difícil volver a dormir, comprometiendo la calidad del descanso. La mejor estrategia es probar diferentes duraciones y observar cuál funciona mejor para cada caso.

Al regresar a la cama, es esencial mantener una actitud relajada y permitir que el sueño ocurra naturalmente. Algunas personas se benefician de la práctica de visualizaciones, recreando mentalmente el escenario del sueño anterior e imaginándose volviéndose lúcidos dentro de él. Este proceso fortalece la conexión entre la consciencia y el estado onírico, haciendo más probable el despertar dentro del sueño.

La eficacia de esta técnica radica en la combinación entre un despertar controlado y un retorno al sueño estratégico. Este método aumenta la probabilidad de entrar directamente en el sueño REM con la mente aún activa, creando una oportunidad ideal para la lucidez. Muchos practicantes reportan que los sueños lúcidos obtenidos de esta forma tienden a ser más vívidos y duraderos, pues ocurren en una etapa del sueño donde la actividad cerebral ya está próxima a la de la vigilia.

Una de las ventajas de la técnica WBTB es que puede combinarse con otros enfoques para potenciar los resultados. La inducción mnemotécnica del sueño lúcido, por ejemplo, puede reforzarse durante el período despierto, intensificando la intención de reconocer el sueño. De igual forma, la práctica de pruebas de realidad justo al despertar puede ayudar a condicionar la mente a cuestionar el estado onírico a lo largo de la noche.

La paciencia es un elemento clave para el éxito de esta técnica. Algunas personas pueden necesitar varios intentos antes de encontrar el mejor equilibrio entre el tiempo de vigilia y la facilidad para volver a dormir. Lo importante es ajustar gradualmente el proceso hasta que se vuelva natural.

Cuando se aplica bien, este enfoque se convierte en una herramienta poderosa para cualquier practicante de sueños lúcidos. La técnica WBTB no solo aumenta la frecuencia de la lucidez, sino que también mejora la calidad de la experiencia, permitiendo que el soñador explore el mundo onírico con mayor claridad y estabilidad. Al integrarla a la rutina de prácticas, el dominio de los sueños se vuelve cada vez más accesible, transformando las noches en oportunidades de descubrimiento y experimentación consciente.

Capítulo 21
Inducción con Despertar Consciente

La transición consciente del estado de vigilia al mundo de los sueños representa un fenómeno singular en la exploración de la conciencia, permitiendo al individuo traspasar las fronteras entre realidad e imaginación sin perder la lucidez. Esta travesía comienza con una comprensión profunda de los mecanismos del sueño y de cómo la mente puede ser entrenada para permanecer alerta mientras el cuerpo se relaja por completo. A diferencia de los sueños lúcidos espontáneos, donde la percepción de la experiencia onírica ocurre de forma tardía, esta técnica busca conducir al soñador directamente al universo onírico con pleno control desde el inicio. Al dominar esta habilidad, es posible acceder a un estado donde la mente se convierte en arquitecta de su propia narrativa de sueños, moldeando escenarios, interactuando conscientemente con personajes e incluso explorando posibilidades imposibles en el mundo físico. El éxito de esta práctica depende de un equilibrio delicado entre relajación y atención, exigiendo que el practicante comprenda las señales sutiles que indican la transición hacia el sueño, sin sucumbir al olvido de la vigilia.

El camino hacia esta transición comienza con el dominio de la relajación profunda, una condición esencial para permitir que el cuerpo se duerma sin que la mente se desconecte por completo. Crear un ambiente propicio es uno de los primeros pasos: un lugar tranquilo, oscuro y libre de distracciones sonoras o visuales facilita la inducción de este estado. Ajustar la postura corporal también se convierte en un factor determinante, ya que posiciones incómodas pueden llevar a interrupciones del proceso. Además del ambiente físico, la preparación mental juega un papel fundamental. Técnicas de respiración controlada, meditación guiada y visualizaciones son estrategias eficaces para reducir la agitación mental y facilitar la entrada en el estado de transición. Cuanto más familiarizado esté el practicante con estas técnicas, mayor será su capacidad de sostener la consciencia en el umbral entre la vigilia y el sueño, evitando tanto el despertar prematuro como la pérdida total de la lucidez.

A medida que el cuerpo se entrega al sueño, diversas sensaciones peculiares pueden surgir, sirviendo como indicativos de que la transición está en curso. Fenómenos hipnagógicos, como imágenes abstractas, sonidos inconexos y sensaciones de flotación, se vuelven más perceptibles en esta fase. En lugar de resistirse a estas manifestaciones, la clave para la continuidad del proceso reside en la aceptación pasiva, permitiendo que la mente observe estos eventos sin aferrarse a ellos. Es en este punto donde el soñador puede experimentar la parálisis del sueño, una condición natural en la que el cuerpo permanece inmóvil mientras la mente aún está despierta. Lejos de ser un obstáculo, este estado puede convertirse en una puerta de entrada al sueño lúcido, siempre que el practicante comprenda su naturaleza y aprenda a utilizarlo a su favor. Con paciencia y práctica, la travesía consciente hacia el mundo onírico se convierte en una habilidad refinada, proporcionando no solo experiencias fascinantes, sino también un mayor autoconocimiento sobre los estados de conciencia y la maleabilidad de la mente humana.

El proceso comienza con la relajación profunda. La posición ideal para adormecerse varía de persona a persona, pero en general se recomienda una postura cómoda que evite tensiones musculares. El ambiente debe ser silencioso, oscuro y libre de distracciones. Como esta técnica exige un nivel elevado de atención, suele ser más eficaz cuando se combina con un despertar programado, aplicándola justo después de un período de sueño, cuando el cuerpo está naturalmente predispuesto a retornar rápidamente al estado REM.

La transición de la vigilia al sueño puede ser desafiante porque el cuerpo necesita entrar en el sueño sin que la mente pierda su claridad. Para facilitar este paso, es útil enfocar la atención en un único punto, como la respiración o la repetición mental de una frase corta. Algunas personas prefieren contar lentamente, mientras que otras se concentran en las sensaciones corporales, observando la ligereza de las extremidades o el cambio en el patrón de la respiración a medida que el sueño se aproxima.

Durante esta fase inicial, es común experimentar fenómenos hipnagógicos, que son imágenes, sonidos o sensaciones corporales que surgen espontáneamente en la transición entre el estado de vigilia y el sueño. Estas manifestaciones pueden incluir destellos de luz, voces distantes, impresiones táctiles como flotación o hormigueo, e incluso ilusiones auditivas, como música o ruidos sin origen aparente. En lugar de reaccionar a estas sensaciones, el soñador debe simplemente observarlas pasivamente, permitiendo que se desarrollen sin apegarse a ninguna de ellas.

Si el proceso se conduce adecuadamente, estas percepciones se intensifican hasta que un escenario onírico comienza a formarse. El secreto está en permitir que esta construcción ocurra naturalmente, sin intentar apresurarla. Cuando el sueño empieza a tomar forma, la transición final ocurre al entrar en ese ambiente con plena consciencia. Algunas estrategias para facilitar esta entrada incluyen visualizar un escenario específico e imaginarse caminando por él, o simplemente dejarse "hundir" en el flujo de las imágenes hipnagógicas hasta que la separación entre el estado de vigilia y el sueño desaparezca.

Uno de los principales desafíos de esta técnica es evitar que la excitación mental despierte al cuerpo antes de que el sueño esté completamente formado. Pensamientos ansiosos o intentos de apresurar el proceso pueden activar la consciencia hasta el punto de impedir la entrada en el sueño. De igual forma, existe el riesgo de perder el foco y simplemente dormirse sin mantener la lucidez. Encontrar el equilibrio entre relajación y vigilancia es la clave para que el método funcione.

Otro obstáculo común es la parálisis del sueño, que puede ocurrir durante esta transición. Este estado, en el cual la mente despierta percibe que el cuerpo ya ha entrado en atonía muscular, puede resultar incómodo para quien no está preparado. Sensaciones como presión en el pecho, incapacidad de moverse e incluso alucinaciones auditivas o visuales pueden surgir. Sin embargo, entender que la parálisis del sueño es un fenómeno natural e inofensivo permite que el soñador la utilice como un trampolín para entrar directamente en un sueño lúcido, relajándose y permitiendo que el estado de sueño se desarrolle.

La práctica constante de esta técnica mejora progresivamente los resultados. Al principio, puede llevar tiempo encontrar el nivel ideal de relajación y enfoque, pero con la experiencia, el proceso se vuelve más fluido. Se pueden probar algunas variaciones, como acostarse en una posición diferente a la habitual para evitar que el cuerpo se duerma demasiado rápido, o ajustar el tiempo de vigilia antes de aplicarla para maximizar la probabilidad de éxito.

Al dominar este enfoque, el soñador adquiere un nivel de control sin precedentes sobre su experiencia onírica. A diferencia de las técnicas que dependen de reconocer señales dentro del sueño, esta permite que la consciencia esté presente desde el inicio, garantizando una mayor estabilidad y prolongación de la experiencia. Esta capacidad de navegar entre los estados de consciencia fortalece no solo la práctica de los sueños lúcidos, sino también la percepción de la propia mente, creando una conexión más profunda entre la vigilia y el universo de los sueños.

Capítulo 22
Otras Técnicas y Herramientas de Inducción

La búsqueda del sueño lúcido puede potenciarse a través de diversos enfoques que van más allá de las técnicas convencionales, permitiendo que cada individuo encuentre el método más adecuado a su perfil y a sus particularidades cognitivas. La mente humana es extremadamente adaptable, y diferentes estímulos pueden utilizarse para facilitar la transición a estados de conciencia ampliada dentro del sueño. Esto significa que explorar un abanico variado de estrategias, desde ajustes sutiles en la rutina hasta el uso de tecnología y suplementos, puede maximizar las posibilidades de alcanzar la lucidez durante el sueño. La personalización de estas técnicas, teniendo en cuenta factores como el ciclo del sueño, el nivel de susceptibilidad a la sugestión e incluso la dieta, se convierte en un diferencial para quien desea adentrarse en el universo de los sueños lúcidos con mayor consistencia. El gran desafío reside en comprender que no existe una única fórmula universal: mientras que algunas personas encuentran el éxito a través de la simple modificación de hábitos, otras necesitan estímulos adicionales para condicionar la mente a reconocer cuándo están soñando.

Entre las diversas estrategias alternativas, la incorporación de estímulos sensoriales durante el sueño destaca como un método eficaz para estimular la autoconciencia dentro del sueño. Dispositivos como máscaras de inducción, que emiten señales luminosas sutiles durante la fase REM, y aplicaciones que reproducen frases sugestivas a lo largo de la noche, pueden actuar como puntos de anclaje para despertar la lucidez sin interrumpir el descanso. Además, determinadas prácticas meditativas y de relajación profunda ayudan a fortalecer la conexión entre el estado de vigilia y el onírico, permitiendo que la mente transite entre estos dos mundos con mayor facilidad. El entrenamiento de la percepción, a través de pruebas de realidad frecuentes durante el día, también puede aumentar significativamente las posibilidades de identificar incongruencias en el ambiente del sueño y, en consecuencia, activar la conciencia dentro de él. Pequeños ajustes, como la creación de un diario de sueños detallado y el uso de recordatorios visuales en la vida cotidiana, refuerzan el hábito de cuestionar la propia realidad, convirtiendo esta práctica en un reflejo automático que se manifiesta en el estado onírico.

Además de las herramientas tecnológicas y los ejercicios mentales, también existe el factor bioquímico que puede ser explorado para potenciar la experiencia de los sueños lúcidos. Ciertos alimentos y suplementos naturales, como la galantamina y la vitamina B6, demuestran una influencia directa sobre la calidad y la intensidad de los sueños, haciéndolos más vívidos y memorables. Algunas sustancias actúan en la regulación de los neurotransmisores involucrados en el sueño REM, prolongando esta fase y aumentando las posibilidades de lucidez. Sin embargo, el uso de cualquier sustancia requiere moderación y comprensión de sus efectos en el organismo, ya que la respuesta puede variar de persona a persona. Por eso, el verdadero diferencial en el perfeccionamiento de la conciencia onírica reside en la combinación inteligente de diferentes estrategias, ajustadas según las reacciones y los resultados obtenidos. La experimentación cuidadosa y la observación sistemática son esenciales para identificar los métodos más eficaces, permitiendo que cada soñador desarrolle un conjunto de herramientas personalizadas para explorar el vasto e intrigante mundo de los sueños lúcidos.

Una técnica interesante es la llamada "Falso Despertar" (DEILD, por sus siglas en inglés), basada en el fenómeno común de soñar que uno se está despertando en su propia habitación, creyendo que ha regresado a la vigilia cuando, en realidad, todavía está durmiendo. A menudo, las personas tienen múltiples despertares falsos en una misma noche, pero terminan aceptando la ilusión sin cuestionarla. Para aprovechar este mecanismo natural, la idea es permanecer inmóvil al despertar, manteniendo los ojos cerrados y evitando cualquier movimiento. Si el despertar es un sueño dentro de otro sueño, esta inmovilidad permite que el soñador se deslice directamente a un nuevo estado onírico con plena conciencia. Incluso cuando el despertar es real, adoptar esta estrategia puede facilitar la entrada en un nuevo sueño lúcido poco después.

Otro método eficiente es la "Técnica del Dedo" (FILD, por sus siglas en inglés), que consiste en engañar al cuerpo para que se duerma mientras la mente permanece alerta. La práctica implica acostarse cómodamente y, al comenzar a relajarse, mover ligeramente dos dedos —generalmente el índice y el medio— como si se estuvieran tocando las teclas de un piano de manera extremadamente sutil. Este movimiento debe repetirse rítmicamente, pero sin esfuerzo, solo para mantener un mínimo de actividad mental. Si se ejecuta correctamente, esta técnica permite la transición directa al sueño lúcido sin que el practicante perciba el momento exacto en que se quedó dormido.

Otro método interesante es el "Ajuste de Ciclo" (CAT, por sus siglas en inglés), que altera deliberadamente la hora de despertar en días alternos para entrenar al cerebro a estar más consciente en determinados momentos del sueño. Durante una o dos semanas, la persona se acostumbra a despertarse 90 minutos antes de su hora normal, creando una expectativa inconsciente de alerta en ese período. Después de esta fase de adaptación, la técnica se aplica solo en días específicos, dejando los otros días sin despertar temprano. El cerebro, condicionado a la anticipación de la vigilia, puede desencadenar estados de lucidez en los días en que el despertador no suena, aumentando la frecuencia de sueños lúcidos sin gran esfuerzo.

Además de las técnicas conductuales, algunas sustancias naturales y suplementos pueden influir en la calidad de los sueños y la propensión a la lucidez. La vitamina B6, por ejemplo, está asociada a sueños más vívidos y detallados, especialmente cuando se consume unas horas antes de dormir. Estudios sugieren que esta vitamina puede aumentar el recuerdo de los sueños e intensificar sus colores y narrativas, haciéndolos más fáciles de reconocer como sueños. Sin embargo, las dosis elevadas deben usarse con cautela, ya que el exceso puede causar efectos secundarios, como hormigueo en las extremidades.

Otro suplemento ampliamente utilizado es la galantamina, una sustancia que modula los neurotransmisores involucrados en la memoria y el aprendizaje. Esta sustancia ha demostrado potencial para inducir sueños lúcidos cuando se toma durante la noche, generalmente en combinación con la técnica de despertarse y volver a la cama. Al aumentar la actividad cerebral durante el sueño REM, su efecto puede resultar en sueños extremadamente vívidos y realistas, aunque algunas personas informan que puede causar una ligera incomodidad o un despertar temprano. Como cualquier sustancia que afecte la actividad cerebral, el uso debe hacerse con moderación y responsabilidad.

La tecnología también ha avanzado para ayudar a los soñadores lúcidos, ofreciendo dispositivos diseñados para detectar cuando la persona está en sueño REM y emitir estímulos sutiles que ayuden a despertar la conciencia dentro del sueño. Máscaras de sueño equipadas con sensores de movimiento ocular pueden parpadear luces suaves o emitir sonidos específicos en el momento exacto en que ocurre el sueño. El principio es simple: el cerebro incorpora estos estímulos al sueño, permitiendo que el soñador perciba la interferencia externa y se vuelva lúcido. Aplicaciones de teléfono móvil con alarmas inteligentes y grabaciones de sugestiones subliminales también son alternativas populares, ayudando a condicionar la mente para reconocer cuándo se está soñando.

La elección de la técnica ideal varía de persona a persona. Algunos enfoques funcionan mejor para ciertos individuos, mientras que otros requieren ajustes o combinaciones para lograr resultados satisfactorios. Lo más importante es experimentar con diferentes métodos y observar cuáles son más eficaces para el propio patrón de sueño y de sueños. Mantener un diario de sueños para registrar los progresos y ajustar las estrategias según sea necesario puede acelerar significativamente el camino hacia el dominio de la conciencia onírica.

Al expandir el repertorio de técnicas y explorar nuevas herramientas, el soñador gana más control sobre su experiencia nocturna y aumenta las posibilidades de acceder a estados de lucidez de manera más consistente. Cada método aporta su propia perspectiva y desafío, pero todos contribuyen al perfeccionamiento de la conciencia dentro de los sueños. Cuantos más recursos estén disponibles, mayor será la flexibilidad para adaptar la práctica al ritmo y a las necesidades individuales, transformando cada noche en una oportunidad real de exploración consciente del mundo onírico.

Capítulo 23
La Primera Experiencia de Sueño Lúcido

La primera experiencia de sueño lúcido marca un hito crucial en el viaje de quien busca expandir su consciencia durante el sueño. El descubrimiento de que es posible estar despierto dentro de un sueño, con plena percepción de que todo alrededor es creación de la propia mente, desencadena una mezcla intensa de emociones, desde la euforia inicial hasta un sentimiento de asombro y poder. Este momento revela la flexibilidad de la realidad onírica y abre las puertas a un universo donde las leyes de la física y la lógica pueden ser manipuladas a voluntad del soñador. Sin embargo, para que esta vivencia no sea efímera, es fundamental comprender cómo reacciona la mente a la súbita percepción de la lucidez y aprender estrategias para mantener este estado por más tiempo. Como cualquier nueva habilidad, la estabilidad dentro del sueño lúcido se desarrolla con práctica, paciencia y experimentación consciente.

El primer gran desafío es lidiar con la excitación que acompaña a la constatación de la lucidez. Muchos soñadores relatan que, en cuanto se dan cuenta de que están soñando, una ola de adrenalina recorre su cuerpo, haciéndoles despertar abruptamente. Esta respuesta natural ocurre porque el cerebro asocia la intensidad emocional al estado de vigilia, interpretando la excitación como una señal para despertar. Para sortear este obstáculo, es esencial mantener la calma y anclarse en la experiencia. Técnicas como respirar profundamente, frotar las manos u observar el entorno de forma serena ayudan a estabilizar el sueño. Interactuar con el escenario, tocando objetos o explorando sus texturas, refuerza la conexión sensorial e impide que el sueño se disuelva rápidamente. La estabilidad de la lucidez depende, en gran medida, de la capacidad de equilibrar la emoción con la serenidad, permitiendo que la mente se acostumbre gradualmente a este nuevo estado de consciencia.

Otro aspecto esencial es desarrollar métodos para prolongar la experiencia, evitando que la lucidez se pierda o que el soñador despierte prematuramente. Alternar el foco entre diferentes elementos del sueño, moverse dentro del ambiente y utilizar comandos verbales como "aumentar claridad" son estrategias eficaces para mantener el control de la experiencia. Cuando el sueño empieza a desvanecerse, acciones como girar el cuerpo rápidamente o presionar las manos contra una superficie pueden ayudar a reanclar la mente dentro del escenario onírico. Además, evitar fijar la mirada en un único punto por mucho tiempo reduce las posibilidades de colapso de la escena. La primera experiencia de sueño lúcido puede ser breve, pero cada intento fortalece la habilidad de sostener la consciencia dentro del sueño, permitiendo que, con el tiempo, los episodios se vuelvan más largos, vívidos e inmersivos.

Al registrar cada detalle de esta vivencia al despertar, el soñador crea un vínculo más profundo con su propia mente onírica, acelerando el proceso de aprendizaje y refinando su capacidad de explorar la realidad de los sueños con mayor dominio y fluidez.

La lucidez puede surgir de diferentes maneras para cada persona. Algunos soñadores perciben que algo en el ambiente no tiene sentido —un objeto que cambia de forma, la presencia de alguien que ya falleció, una situación absurda siendo tratada como normal— y, al cuestionar la lógica del sueño, la consciencia despierta. Otros pueden alcanzar la lucidez espontáneamente, sin motivo aparente, simplemente "sabiendo" que están en un sueño. Para aquellos que aplican técnicas regularmente, el momento puede llegar como una confirmación de que sus esfuerzos han dado resultado: una prueba de realidad que finalmente falla o el recuerdo de que estaban intentando tener un sueño lúcido.

El primer desafío de la experiencia es mantener el control emocional. La emoción excesiva puede ser un factor determinante para un despertar precoz. Muchos soñadores relatan que, al darse cuenta de que están soñando, la euforia se apodera de ellos, y este aumento repentino de adrenalina hace que despierten abruptamente. Para evitar esto, es esencial adoptar una postura calmada y centrada. En lugar de dejarse llevar por la excitación, es recomendable respirar profundamente y afirmar mentalmente que el sueño está bajo control.

Otro aspecto importante es la estabilización de la escena onírica. Los primeros sueños lúcidos tienden a ser inestables, con el escenario disolviéndose rápidamente o los sentidos pareciendo confusos. Una estrategia eficaz para fortalecer la experiencia es interactuar con el ambiente del sueño. Tocar objetos, sentir sus texturas, frotar las manos una contra otra o incluso verbalizar comandos como "claridad ahora" son técnicas que ayudan a anclar la mente dentro del sueño. Moverse de forma deliberada también puede contribuir a la estabilidad. Quedarse quieto puede hacer que el sueño pierda nitidez, mientras que caminar, explorar el entorno y prestar atención a los detalles visuales y sonoros fortalece la inmersión.

Muchas veces, la lucidez dura solo unos segundos antes de que el soñador despierte. Este fenómeno ocurre porque el cerebro aún no está acostumbrado a sostener este estado por largos períodos. La práctica continua mejora esta capacidad, permitiendo que los sueños lúcidos se vuelvan cada vez más largos y detallados. Para prolongar la experiencia, es importante evitar fijar la mirada en un único punto por mucho tiempo, ya que esto puede hacer que el sueño se desmorone. Alternar la atención entre diferentes partes del escenario ayuda a mantener la mente comprometida y presente dentro del ambiente onírico.

Al percibir que el sueño se está debilitando, algunas técnicas pueden utilizarse para evitar el despertar. Girar el propio cuerpo dentro del sueño, frotar las manos o incluso tocar el suelo pueden ayudar a restaurar la sensación de inmersión. En algunos casos, cuando el sueño parece a punto de acabar, es posible intentar "saltar" a otro escenario mentalmente, visualizando una nueva escena y permitiendo que el flujo del sueño continúe.

Otro factor que puede influir en la duración del sueño lúcido es el nivel de involucramiento con la narrativa del sueño. Algunas personas relatan que, al volverse lúcidas, inmediatamente intentan ejercer control total sobre el escenario, forzando cambios bruscos o intentando volar sin ninguna preparación. Aunque es posible controlar aspectos del sueño, es más eficaz comenzar con pequeñas interacciones, como probar la gravedad, observar detalles del entorno o conversar con personajes del sueño. Este enfoque gradual ayuda a consolidar la experiencia sin sobrecargar la mente con expectativas excesivas.

Independientemente de la duración del primer sueño lúcido, lo más importante es registrarlo tan pronto como el soñador despierte. Anotar cada detalle, desde las sensaciones hasta las acciones tomadas, fortalece la memoria onírica y prepara la mente para reconocer patrones en los sueños futuros. Este registro permite analizar qué funcionó bien, qué desafíos surgieron y qué técnicas pueden mejorarse.

Con la práctica continua, los sueños lúcidos se vuelven más frecuentes y naturales. El primer contacto con la lucidez puede parecer breve e inestable, pero cada experiencia contribuye al perfeccionamiento de la habilidad. Poco a poco, el soñador aprende a mantenerse calmado, a interactuar con el ambiente y a prolongar la duración del sueño. El dominio de la consciencia onírica no ocurre de un día para otro, pero con cada nuevo intento, la mente se adapta y se vuelve más preparada para navegar con claridad por el vasto universo de los sueños.

Capítulo 24
Manteniéndose Lúcido

Mantenerse lúcido dentro de un sueño requiere un equilibrio entre control emocional, involucramiento sensorial y estrategias de estabilización efectivas. La conquista de la consciencia onírica puede ser breve si el soñador no sabe cómo sostener esa experiencia, ya que la excitación o la falta de estímulos adecuados pueden llevar al despertar abrupto o a la disolución del escenario. La mente, al percatarse de que está soñando, tiende a reaccionar con un aumento de la actividad neuronal, lo que puede causar una interrupción involuntaria del sueño. Para evitar que esto ocurra, es esencial comprender cómo fortalecer la conexión con el mundo onírico y prolongar la lucidez por más tiempo. Esta habilidad se desarrolla con práctica y experimentación, y cuanto más se aplican técnicas específicas de estabilización, mayor será la capacidad de navegar conscientemente por el sueño sin interrupciones.

La interacción activa con el ambiente onírico es uno de los pilares para el mantenimiento de la lucidez. El tacto, por ejemplo, desempeña un papel fundamental al reforzar la inmersión en el sueño. Al frotar las manos, presionar los pies contra el suelo o manipular objetos, la mente recibe señales táctiles que la ayudan a mantenerse anclada en la experiencia. Explorar texturas y temperaturas diferentes también contribuye a prolongar la percepción consciente. Además, moverse dentro del sueño es una manera eficaz de evitar que este se desvanezca. Caminar, tocar las paredes, interactuar con elementos del escenario o hasta sentir el viento en el rostro al correr son formas de fortalecer la conexión con el mundo onírico. Cuando el soñador se convierte en un participante activo, en lugar de un mero observador, la estabilidad del sueño aumenta significativamente.

    Otra estrategia crucial es el control del foco visual. Fijar la mirada en un único punto por mucho tiempo puede hacer que la escena pierda nitidez y se desmorone. Para evitar esto, es recomendable cambiar constantemente el foco entre diferentes elementos del ambiente, absorbiendo detalles variados y ampliando la percepción del espacio alrededor. Además, comandos verbales dentro del sueño, como "claridad ahora" o "permanecer lúcido", pueden reforzar la estabilidad, ya que el cerebro responde bien a sugerencias directas. En caso de que el sueño comience a perder consistencia, técnicas como girar el propio cuerpo o frotar las manos ayudan a restaurar la inmersión y evitar un despertar precoz. Mantener una actitud calmada y confiada, sin el miedo de perder la lucidez, también es esencial para prolongar la experiencia. Cuanto más natural se vuelve este proceso, más largos y detallados serán los sueños lúcidos, permitiendo que el soñador explore este universo con libertad y control cada vez mayores.

Una de las formas más eficaces de mantenerse lúcido dentro del sueño es interactuar activamente con el ambiente. El tacto es una de las sensaciones más poderosas para reforzar la inmersión en el mundo onírico. Frotar las manos una contra la otra, tocar objetos y sentir sus texturas, presionar los pies contra el suelo o incluso tocar las paredes alrededor son maneras de anclar la conciencia dentro de la experiencia. Cuantos más estímulos sensoriales se activen, más sólida será la conexión con el sueño.

Otro factor que puede afectar la estabilidad del sueño es el foco visual. Muchas personas relatan que, al fijar la mirada en un único punto por mucho tiempo, la escena comienza a desmoronarse o a apagarse. Para evitar este efecto, es recomendable mover los ojos constantemente, explorando los detalles del ambiente y cambiando el foco entre diferentes elementos del escenario. Esta práctica mantiene el cerebro involucrado y reduce las posibilidades de que el sueño desaparezca repentinamente.

Además de las interacciones físicas, comandos verbales dentro del sueño pueden ayudar a reforzar la lucidez. Algunas personas descubren que verbalizar afirmaciones como "claridad ahora" o "aumentar estabilidad" fortalece la experiencia e impide que esta se disipe. El cerebro responde bien a sugerencias directas, y repetir comandos simples puede ser suficiente para restaurar la nitidez del sueño y prolongar su duración.

El control de la excitación emocional también desempeña un papel esencial en la estabilización del sueño. El entusiasmo al percibir la lucidez es natural, pero si no se administra, puede hacer que el soñador despierte rápidamente. Respirar hondo, mantener la calma y actuar de forma deliberada dentro del sueño ayudan a equilibrar la experiencia. En lugar de intentar realizar acciones grandiosas inmediatamente, como volar o cambiar el escenario, es más eficaz comenzar con interacciones simples y aumentar gradualmente el nivel de experimentación dentro del sueño.

Si el sueño comienza a perder estabilidad, algunas técnicas pueden ser aplicadas para restaurarlo antes de que se disuelva por completo. Girar el propio cuerpo dentro del sueño, como si se estuviera en un trompo, es uno de los abordajes más conocidos. Este movimiento crea un efecto de reinicio, muchas veces transportando al soñador a un nuevo escenario mientras preserva la lucidez. Otra técnica eficaz es frotar las manos vigorosamente, pues la sensación táctil estimula la continuidad de la experiencia.

Otra estrategia interesante para prolongar la duración del sueño es reforzar la intención de permanecer dentro de él. En algunos casos, solo recordarse conscientemente de que se desea continuar soñando puede ser suficiente para evitar un despertar prematuro. El miedo a perder el sueño puede tener el efecto contrario, entonces es importante cultivar una mentalidad relajada y confiada de que el sueño continuará mientras sea necesario.

El ambiente del sueño también puede ofrecer pistas sobre su estabilidad. Algunas personas relatan que, cuando la luz comienza a disminuir, el sueño tiende a desmoronarse. En esos casos, crear fuentes de iluminación dentro del propio sueño, como encender una lámpara o traer el sol de vuelta al cielo, puede ayudar a mantener la escena vívida. De la misma forma, si el sonido comienza a desaparecer o el ambiente parece inestable, concentrarse en los detalles e interactuar activamente puede restaurar la claridad de la experiencia.

Al practicar estas estrategias, el soñador desarrolla un mayor control sobre sus experiencias oníricas y aprende a sostener la lucidez por períodos más largos. Cuanto más se aplican estas técnicas, más naturales se vuelven, permitiendo que los sueños lúcidos evolucionen de momentos breves a exploraciones profundas y enriquecedoras. Dominar la estabilización del sueño es un paso fundamental para quien desea no solo volverse lúcido, sino también navegar por el mundo onírico con libertad y consistencia.

Capítulo 25
Navegación y Control del Entorno Onírico

El dominio de la navegación y el control dentro de un sueño lúcido representa un avance significativo en la exploración de la conciencia onírica. A diferencia de la realidad que experimentamos despiertos, donde las leyes físicas imponen limitaciones concretas, el universo de los sueños responde directamente a las intenciones y expectativas del soñador. Esto significa que cualquier acción puede potenciarse con el simple hecho de creer que es posible. Desde la locomoción hasta la transformación completa del entorno, cada elemento del sueño puede moldearse según la voluntad del individuo. Sin embargo, esta habilidad no surge instantáneamente para todos. Para navegar con fluidez y modificar escenarios de manera intencional, se requiere un proceso de aprendizaje gradual, en el que la experimentación y el fortalecimiento de la confianza juegan roles esenciales.

La locomoción dentro del sueño puede ocurrir de diversas formas, y comprender estas variaciones es uno de los primeros pasos para expandir el control sobre la experiencia onírica. Caminar es el método más intuitivo, pero muchos soñadores relatan que la sensación de los pasos puede ser inestable, como si estuvieran pisando un suelo maleable o flotante. Para aquellos que desean superar las barreras de la locomoción tradicional, alternativas como la levitación, el deslizamiento y el vuelo se convierten en posibilidades fascinantes. Volar, por ejemplo, es uno de los aspectos más deseados dentro de los sueños lúcidos, pero puede requerir práctica para realizarlo con precisión. La clave para un vuelo exitoso reside en la confianza absoluta de que es posible. La inseguridad o la duda tienden a manifestarse en forma de dificultades, como una flotación inestable o caídas inesperadas. Un método eficaz para adquirir control sobre esta habilidad es comenzar con saltos ligeros, permitiendo que el cuerpo onírico se familiarice con la ausencia de gravedad antes de emprender vuelos más largos y dirigidos.

Además del desplazamiento, la capacidad de modificar el entorno circundante es uno de los aspectos más impresionantes del sueño lúcido. Algunos soñadores experimentados logran alterar escenarios instantáneamente con solo una orden mental, pero para la mayoría de las personas, la transición exige estrategias indirectas. Crear portales, abrir puertas esperando encontrar un lugar diferente al otro lado o utilizar espejos como pasaje hacia otras realidades son enfoques que ayudan a la mente a aceptar los cambios de escenario con mayor naturalidad. De la misma manera, manipular objetos dentro del sueño se vuelve más fluido con la práctica. Probar la transformación de pequeños elementos, como alterar el color de un objeto o hacer desaparecer un ítem, fortalece la percepción de control y prepara al soñador para cambios más complejos. La experimentación constante expande la maleabilidad de la conciencia onírica, permitiendo que cada experiencia se vuelva más rica y personalizada. A medida que el dominio sobre este universo crece, el soñador descubre que no hay límites para lo que puede ser creado, explorado o modificado, haciendo de cada sueño lúcido un viaje único de descubrimientos y posibilidades infinitas.

La forma más básica de moverse dentro de un sueño es simplemente caminar, explorando el entorno como si se estuviera en la vida real. Sin embargo, muchos soñadores lúcidos relatan que el movimiento puede sentirse extraño al principio. La gravedad puede parecer diferente, los pasos pueden ser más ligeros o el terreno puede cambiar de forma inesperada. Para aquellos que se sienten limitados por los métodos convencionales de locomoción, se pueden probar otras opciones. Flotar ligeramente, deslizarse sobre el suelo como si se estuviera en un campo de baja gravedad o incluso volar son posibilidades comunes relatadas por soñadores experimentados.

El vuelo, en particular, es una de las experiencias más deseadas dentro de los sueños lúcidos. No obstante, no todos logran realizarlo en el primer intento. Algunas personas relatan que, al intentar levantar vuelo, terminan flotando solo unos centímetros antes de caer nuevamente. Otras describen que logran volar, pero de manera inestable, como si fueran tirados por fuerzas invisibles. El secreto para desarrollar esta habilidad reside en la expectativa y la confianza. En el mundo de los sueños, creer que algo es posible generalmente hace que se vuelva realidad. Si existen dudas o inseguridades, el subconsciente puede responder de manera vacilante. Un enfoque eficaz es comenzar con pequeños saltos, ampliando gradualmente la altitud hasta ganar seguridad para volar con mayor control.

Además del movimiento, otra habilidad fascinante de los sueños lúcidos es la capacidad de alterar el entorno circundante. Algunos soñadores perciben que, al desear estar en un determinado lugar, el escenario se transforma instantáneamente. Sin embargo, para muchos, esta transición no ocurre de forma automática. Crear cambios en el sueño puede requerir un enfoque más indirecto. En lugar de intentar modificar el escenario con una simple orden, puede ser más eficaz utilizar elementos dentro del propio sueño para facilitar la transición. Abrir una puerta esperando encontrar un nuevo ambiente al otro lado, mirar hacia un espejo e imaginar que este conducirá a otro lugar, o incluso dar un giro completo sobre el propio eje mientras se mentaliza un destino, son estrategias que suelen funcionar bien.

La manipulación de objetos dentro del sueño también sigue las reglas de la expectativa. La mayoría de las personas descubre que puede tomar objetos e interactuar con ellos como en el mundo físico, pero, al percibir la naturaleza ilusoria del sueño, se vuelve posible modificar estos objetos a voluntad. Un trozo de papel puede transformarse en una flor, una piedra puede convertirse en un pedazo de chocolate, y un simple toque puede hacer que una pared se derrita como si fuera líquida. Cuanto más se permite el soñador experimentar y jugar con estas posibilidades, más natural se vuelve el control sobre el entorno.

Los personajes de los sueños también juegan un papel importante en esta experiencia. A diferencia del escenario, que puede ser moldeado sin resistencia, los individuos que aparecen en los sueños lúcidos suelen actuar de forma independiente, muchas veces sorprendiendo al propio soñador con sus respuestas y comportamientos. A algunas personas les gusta interactuar con estos personajes, preguntándoles sobre el significado del sueño o solicitando consejos. Aunque es difícil determinar si estas respuestas provienen del subconsciente o si son simplemente construcciones aleatorias de la mente, muchos relatan haber recibido mensajes profundos e *insights* inesperados de estas interacciones.

Para aquellos que desean profundizar el control sobre el entorno onírico, la clave reside en la experimentación y el entrenamiento progresivo. Comenzar con pequeños cambios, como modificar el color del cielo o mover un objeto a distancia, puede ayudar a construir confianza antes de intentar alteraciones más complejas, como crear ciudades enteras o visitar lugares ficticios. Cuanto más se acostumbra la mente a la flexibilidad de los sueños lúcidos, más fácil se vuelve moldear esta realidad conforme a la propia voluntad.

Explorar y modificar el mundo onírico es una de las partes más emocionantes de la experiencia de la lucidez. La libertad de volar, crear escenarios imposibles e interactuar con personajes del propio subconsciente ofrece posibilidades infinitas de aprendizaje y diversión.

Cuanto más se practica, más natural se vuelve la sensación de estar en control, transformando cada sueño lúcido en una aventura única e inolvidable.

Capítulo 26
Transformando Miedos

Los sueños representan un reflejo directo de la psique, donde emociones, traumas y temores profundos se manifiestan en escenarios simbólicos. Dentro de este universo onírico, las pesadillas asumen un papel destacado, provocando reacciones intensas y, en ocasiones, angustiantes. Sin embargo, la capacidad de volverse consciente dentro del sueño, fenómeno conocido como lucidez onírica, abre la posibilidad de resignificar estas experiencias. En lugar de ser meros eventos perturbadores, las pesadillas pueden transformarse en valiosas oportunidades de autoconocimiento y superación. La mente, al percatarse de que está soñando, adquiere un nuevo nivel de dominio sobre la narrativa, permitiendo que el soñador cambie su relación con el miedo, enfrentándolo de manera consciente y transformadora.

Este enfoque consciente permite una transición de la pasividad al control, modificando el impacto emocional de la pesadilla. La percepción de que el terror vivido dentro del sueño no representa una amenaza real es un primer paso fundamental para romper el ciclo de miedo. El reconocimiento de esta ilusión genera un distanciamiento psicológico, haciendo que la pesadilla sea una experiencia menos aterradora y más accesible a la exploración racional. Además, esta comprensión fortalece la autoconfianza del soñador, que empieza a percibir el poder que posee sobre sus propias creaciones mentales. En lugar de ser una víctima de los escenarios aterradores, el individuo se convierte en el protagonista de su experiencia, pudiendo interactuar con el ambiente onírico de manera activa e intencional.

Con la práctica, el soñador lúcido aprende que los elementos de sus pesadillas, por más sombríos que parezcan, poseen significados ocultos que pueden ser descifrados y resignificados. El acto de encarar directamente una figura amenazante, dialogar con lo que antes parecía aterrador o transformar el ambiente del sueño son estrategias que demuestran el potencial de esta práctica. Cada pesadilla deja de ser una simple manifestación de miedo y pasa a convertirse en una invitación al descubrimiento de aspectos inconscientes que, cuando se comprenden, pueden generar cambios significativos tanto en el mundo onírico como en la vida despierta. De esta forma, las pesadillas no solo pierden su fuerza destructiva, sino que también se convierten en portales para el crecimiento interior y la expansión de la conciencia.

El primer cambio de perspectiva necesario es entender que una pesadilla, por más aterradora que parezca, no representa un peligro real. Cuando el soñador adquiere lucidez en medio de un escenario terrorífico, el simple reconocimiento de que todo allí es una creación mental ya reduce significativamente el miedo. Saber que nada puede herirlo de hecho crea un distanciamiento emocional, permitiendo que el soñador pase de la posición de víctima pasiva a la de observador o incluso controlador de la situación.

El instinto natural dentro de una pesadilla es huir de la amenaza. Sin embargo, en los sueños lúcidos, esta reacción puede ser reemplazada por un enfoque más consciente. En lugar de correr de un perseguidor, detenerse y encararlo puede revelar algo sorprendente. Muchas personas relatan que, al confrontar figuras aterradoras dentro de los sueños, estas cambian de forma, se transforman en personas conocidas o simplemente desaparecen. Este simple acto de enfrentamiento disuelve la tensión y puede proporcionar *insights* sobre lo que esa imagen representa dentro del subconsciente.

Otra estrategia eficaz es dialogar con los elementos de la pesadilla. Preguntar directamente al perseguidor o al monstruo por qué está allí puede resultar en respuestas inesperadas, que a menudo cargan mensajes simbólicos sobre aspectos reprimidos de la mente del soñador. Algunos relatos indican que, al interactuar con estas figuras, ellas pierden su agresividad y se convierten en aliadas dentro del sueño.

En algunas situaciones, el enfoque ideal puede ser la transformación del escenario. Si el ambiente de la pesadilla es oscuro y amenazante, el soñador puede intentar traer luz a la escena, imaginar que el espacio se modifica o visualizar una puerta abriéndose hacia un lugar seguro. Este cambio deliberado en el ambiente ayuda a reforzar la sensación de control y disuelve la tensión emocional del sueño.

La técnica de cambiar la propia forma dentro del sueño también puede usarse para enfrentar pesadillas de manera creativa. Si un monstruo parece amenazante, el soñador puede transformarse en algo aún mayor o desarrollar habilidades sobrehumanas para neutralizar la amenaza. Crear escudos protectores, volar lejos o incluso absorber la energía de la pesadilla para convertirla en algo positivo son enfoques que demuestran cuánto la conciencia dentro del sueño permite una nueva dinámica frente al miedo.

Algunas personas que sufren de pesadillas recurrentes encuentran en los sueños lúcidos una herramienta poderosa para reescribir estas narrativas de manera deliberada. Al reconocer un patrón de pesadilla, es posible programar la mente para responder de forma diferente. Si hay un escenario recurrente, como ser perseguido por una figura desconocida o estar atrapado en un lugar amenazante, el soñador puede establecer la intención antes de dormir de reaccionar conscientemente la próxima vez que ocurra esa pesadilla. Este tipo de reconfiguración mental puede transformar completamente la experiencia y reducir la frecuencia de las pesadillas a lo largo del tiempo.

La exploración de los miedos dentro del sueño lúcido también puede traer beneficios para la vida despierta. Superar una situación de pánico dentro del sueño fortalece la sensación de control y seguridad en el estado de vigilia. Muchos soñadores relatan que, al lograr lidiar con pesadillas de forma lúcida, desarrollaron más valentía para enfrentar desafíos y ansiedades del día a día. Esta conexión entre los dos mundos demuestra cómo el trabajo consciente dentro de los sueños puede reverberar positivamente en la mente y en el comportamiento del soñador.

Transformar pesadillas en oportunidades de aprendizaje y crecimiento es uno de los aspectos más fascinantes del sueño lúcido. Cuando el miedo deja de ser visto como algo infranqueable y pasa a ser comprendido como un aspecto de la propia mente que puede ser explorado y resignificado, el soñador asume un nuevo nivel de control sobre su experiencia onírica. Con práctica y persistencia, las pesadillas pueden dejar de ser eventos aterradores y convertirse en portales para el autodescubrimiento, el coraje y la expansión de la conciencia.

Capítulo 27
Sanación y Crecimiento Personal

La mente humana alberga un vasto territorio de memorias, emociones y creencias que moldean nuestra experiencia cotidiana, a menudo de forma inconsciente. Los sueños lúcidos, al brindar acceso directo a este universo interno, se convierten en una poderosa herramienta para promover la sanación emocional y el crecimiento personal. Al tomar consciencia dentro del sueño, el individuo adquiere la capacidad de interactuar con sus propios contenidos psíquicos, comprender patrones de pensamiento limitantes y resignificar experiencias pasadas. Este estado expandido de percepción permite explorar cuestiones emocionales profundas, impulsando un proceso de autoconocimiento que puede tener un impacto positivo en la vida de vigilia.

Dentro del sueño lúcido, la mente revela aspectos ocultos del ser, muchas veces a través de símbolos y metáforas que expresan conflictos internos. El soñador, al percatarse de su lucidez, puede utilizar este espacio para dialogar con estas imágenes, comprender sus significados y desbloquear emociones reprimidas. En lugar de ser un mero testigo del desarrollo del sueño, la persona pasa a actuar conscientemente dentro de él, pudiendo cuestionar a personajes oníricos, modificar escenarios o revivir situaciones desde una nueva perspectiva. Este proceso de exploración interna posibilita una comprensión más profunda de traumas, inseguridades y desafíos emocionales, abriendo el camino hacia la superación y la transformación personal.

Además de la sanación emocional, los sueños lúcidos también fortalecen la resiliencia y la autoconfianza. El simple hecho de percibir que se puede interactuar y alterar los acontecimientos dentro del sueño crea una sensación de empoderamiento que se extiende a la vida de vigilia. Situaciones que antes parecían infranqueables adquieren nuevas posibilidades de afrontamiento, los miedos se disuelven y el soñador comienza a ver su realidad con mayor claridad y control. De esta manera, los sueños lúcidos no solo revelan aspectos internos de la mente, sino que también proporcionan herramientas prácticas para lidiar con desafíos, fortalecer la autoestima y expandir la consciencia hacia un estado de mayor equilibrio y bienestar.

Una de las formas más eficaces de utilizar los sueños lúcidos para la sanación emocional es entrar en contacto con emociones reprimidas. A menudo, cuestiones que no logramos procesar completamente en estado de vigilia emergen en los sueños en forma de símbolos, escenarios o personajes. Volverse lúcido en medio de estas experiencias permite interactuar directamente con estos elementos y buscar entendimiento. Si un sueño trae consigo una sensación persistente de miedo, tristeza o ira, en lugar de evitarla, el soñador puede preguntar al propio sueño qué representa esa emoción y permitir que su mente proporcione respuestas espontáneas. Este enfoque puede revelar conexiones ocultas entre eventos pasados y sentimientos no resueltos, facilitando la integración y el procesamiento de estas emociones.

El encuentro con versiones pasadas de uno mismo es otro fenómeno común en sueños lúcidos orientados al autoconocimiento. Algunas personas relatan haber encontrado a su niño interior, pudiendo conversar y ofrecer cariño y seguridad a esa parte de la psique que aún guarda traumas o inseguridades. Otros experimentan sueños donde se encuentran con versiones futuras de sí mismos, recibiendo consejos o vislumbrando caminos posibles para su trayectoria personal. Estas interacciones pueden tener un impacto profundo en la forma en que el soñador se percibe a sí mismo y encara su propia vida.

Más allá del trabajo emocional, los sueños lúcidos pueden utilizarse para superar miedos y fobias. Dentro del sueño, es posible simular situaciones que causan ansiedad en la vida de vigilia, pero de manera controlada y segura. Si alguien tiene miedo de hablar en público, por ejemplo, puede crear un escenario donde practica un discurso ante una audiencia imaginaria. Si el miedo es a las alturas, puede experimentar estar en la cima de un edificio dentro del sueño y darse cuenta de que no sucede nada malo. El cerebro procesa estas experiencias de manera similar a las vivencias reales, lo que significa que superar un miedo dentro de un sueño puede resultar en una reducción de la ansiedad relacionada con él en el estado de vigilia.

Otro aspecto valioso de los sueños lúcidos para el crecimiento personal es la posibilidad de recibir *insights* y respuestas a dilemas internos. Antes de dormir, el soñador puede establecer la intención de encontrar una solución para un problema específico. Dentro del sueño, al volverse lúcido, puede hacer preguntas directamente al propio sueño o a personajes oníricos, esperando que las respuestas surjan de manera simbólica o directa. Muchas personas relatan que los sueños proporcionan soluciones creativas e inesperadas para cuestiones que parecían irresolubles en la vigilia.

La sanación física a través de los sueños también es un tema explorado por muchos practicantes e investigadores. Aunque la ciencia aún está estudiando los efectos de esta práctica, hay relatos de personas que utilizan sueños lúcidos para visualizar la regeneración de áreas del cuerpo afectadas por enfermedades o lesiones, sintiendo un alivio real al despertar. La mente tiene una fuerte influencia sobre el cuerpo, y la visualización de sanación dentro del sueño puede estimular procesos internos que ayudan al bienestar físico.

La práctica de los sueños lúcidos como herramienta de crecimiento personal también está relacionada con el fortalecimiento de la autoestima y el sentido de empoderamiento. El simple hecho de darse cuenta de que se tiene control sobre la propia realidad dentro del sueño puede aumentar la confianza y la sensación de autonomía en la vida de vigilia. Al lidiar conscientemente con desafíos en el mundo onírico, el soñador desarrolla una mentalidad más resiliente y adaptable para enfrentar dificultades reales.

Integrar las experiencias de los sueños lúcidos en la vida cotidiana potencia los beneficios de esta práctica. Llevar un diario de sueños y reflexionar sobre los temas recurrentes permite identificar patrones internos y trabajar en cambios conscientes. Las lecciones aprendidas en el estado onírico pueden aplicarse en la vida real, ya sea en forma de nuevos hábitos, cambios de perspectiva o decisiones más alineadas con el verdadero yo.

La travesía dentro de los sueños es, en esencia, una travesía hacia el interior de uno mismo. Cuando se encara con propósito e intención, esta experiencia se convierte en un portal hacia la sanación emocional, la expansión de la consciencia y el crecimiento personal. Los sueños lúcidos ofrecen la oportunidad única de explorar la mente en su forma más pura, sin filtros ni limitaciones externas, proporcionando descubrimientos que pueden transformar profundamente la forma en que el soñador vive y comprende su propia existencia.

Capítulo 28
Creatividad y Solución de Problemas

La mente humana opera de manera extraordinaria cuando se libera de las ataduras de la lógica convencional, y los sueños lúcidos representan uno de los accesos más directos a este potencial ilimitado. En el estado onírico, las restricciones impuestas por el pensamiento lineal se disuelven, permitiendo que ideas innovadoras florezcan sin los bloqueos típicos de la vigilia. Este ambiente único proporciona un campo fértil para la experimentación, permitiendo que conceptos abstractos se materialicen, problemas complejos sean abordados desde ángulos inesperados y la creatividad se expanda de manera sin precedentes. Al despertar dentro del sueño, el individuo gana no solo consciencia sobre su experiencia, sino también la capacidad de explorarla de forma intencional, transformando el universo onírico en un verdadero laboratorio de invención y descubrimiento.

La interacción con este espacio mental sin limitaciones posibilita una forma de aprendizaje y creación que trasciende los métodos tradicionales. Escritores pueden visualizar sus historias sucediendo en tiempo real, dialogando con personajes y explorando escenarios que emergen espontáneamente. Músicos pueden oír melodías inéditas creadas por su propia mente subconsciente, mientras que artistas visuales pueden experimentar composiciones imposibles, explorando colores y formas más allá de lo que serían capaces de concebir en el estado despierto. Incluso científicos e inventores pueden beneficiarse de este ambiente creativo, donde conceptos abstractos se vuelven tangibles y la solución de problemas ocurre de manera intuitiva, conectando información de forma no convencional. El cerebro, al operar sin restricciones, permite el surgimiento de ideas que podrían ser inalcanzables mediante el análisis lógico tradicional.

Además del estímulo creativo, los sueños lúcidos posibilitan el perfeccionamiento de habilidades prácticas por medio de la simulación mental. La ciencia ha demostrado que la visualización intensa puede fortalecer conexiones neurales de manera semejante a la práctica real, lo que significa que un atleta puede entrenar movimientos específicos, un orador puede ensayar discursos e incluso un estudiante puede profundizar su entendimiento sobre un concepto complejo. La mente, al percibir la experiencia onírica como real, procesa estos ejercicios como aprendizaje legítimo, haciendo de esta herramienta algo poderoso tanto para el desarrollo cognitivo como para la superación de desafíos prácticos. De esta forma, los sueños lúcidos se revelan no solo como un espacio para el entretenimiento o la exploración personal, sino también como un recurso valioso para desbloquear nuevos niveles de creatividad, solucionar problemas y expandir las fronteras del pensamiento humano.

La creación de escenarios, personajes y narrativas dentro del sueño ocurre sin esfuerzo, pues la mente subconsciente es capaz de construir imágenes e historias en tiempo real. Para un escritor o guionista, esto puede significar la oportunidad de explorar escenas y diálogos antes incluso de plasmarlos en papel. Un músico puede escuchar composiciones inéditas creadas por su propio cerebro e incluso intentar reproducirlas al despertar. Un pintor o diseñador puede visualizar patrones, formas y colores nunca antes imaginados, usando el sueño como un espacio de experimentación artística sin límites.

La creatividad en los sueños lúcidos no se limita a las artes, extendiéndose también a la solución de problemas prácticos. Cuestiones que parecen irresolubles en la vigilia pueden encontrar respuestas inesperadas dentro del mundo onírico. Antes de dormir, el soñador puede establecer la intención de resolver un problema específico, formulando una pregunta o un desafío mental. En el estado lúcido, puede entonces buscar la respuesta directamente, pidiendo ayuda a personajes oníricos o explorando el ambiente del sueño en busca de pistas simbólicas. Muchas veces, las soluciones surgen de forma intuitiva, sin necesidad de un razonamiento lineal, pues el cerebro opera de manera más libre y asociativa.

El entrenamiento de habilidades también se convierte en una posibilidad interesante dentro de los sueños lúcidos. Estudios indican que la práctica mental de actividades físicas o intelectuales puede fortalecer conexiones neurales semejantes a las formadas durante la práctica real. Esto significa que un atleta puede perfeccionar sus movimientos dentro del sueño, un músico puede ensayar una pieza compleja e incluso alguien que desea desarrollar habilidades sociales puede entrenar interacciones y discursos dentro del ambiente onírico. La mente no distingue completamente entre la práctica imaginada y la práctica real, haciendo de esta estrategia una herramienta valiosa para el aprendizaje y el desarrollo personal.

Además del perfeccionamiento de habilidades, los sueños lúcidos pueden ser usados para experimentar nuevas perspectivas y expandir la creatividad de formas inesperadas. Un ejercicio interesante es cambiar de forma dentro del sueño, asumiendo el punto de vista de un animal, de un objeto o incluso de otro ser humano. Este cambio de perspectiva puede generar *insights* profundos sobre empatía, imaginación y comprensión del mundo desde ángulos diferentes a los habituales.

Otro método eficaz para estimular la creatividad dentro del sueño lúcido es desafiar las reglas del ambiente onírico. Jugar con las leyes de la física, crear espacios imposibles e interactuar con conceptos abstractos de manera tangible puede llevar a descubrimientos sorprendentes. El cerebro, al liberarse de las limitaciones del mundo despierto, comienza a funcionar de manera más fluida e innovadora, proporcionando experiencias que pueden influenciar la forma en que el soñador encara desafíos creativos en la vida real.

Mantener un diario detallado de los sueños es fundamental para captar y aprovechar al máximo estas experiencias. Muchas ideas brillantes pueden parecer claras dentro del sueño, pero terminan disipándose rápidamente al despertar. Anotar inmediatamente cualquier *insight*, escena o concepto creativo permite que estas inspiraciones sean registradas y posteriormente desarrolladas en la vigilia.

Explorar la creatividad y la solución de problemas dentro de los sueños lúcidos transforma cada experiencia onírica en una oportunidad única de aprendizaje e innovación. Ya sea para perfeccionar una habilidad, buscar inspiración artística o resolver un dilema práctico, el mundo de los sueños ofrece un territorio infinito de posibilidades. El soñador que aprende a navegar conscientemente por este espacio puede desbloquear aspectos profundos de su propia mente, trayendo a la realidad nuevas formas de pensar, crear y solucionar desafíos.

Capítulo 29
Exploración Espiritual en los Sueños

La consciencia humana posee capas que trascienden la experiencia cotidiana, y los sueños lúcidos se revelan como una poderosa vía de acceso a estados ampliados de percepción. Al despertar dentro del sueño, el individuo se topa con un territorio vasto e ilimitado, donde las fronteras entre lo real y lo simbólico se difuminan. En este espacio, es posible explorar cuestiones existenciales de manera profunda, descubriendo intuiciones que escapan al pensamiento lógico de la vigilia. Desde tiempos inmemoriales, las tradiciones espirituales han considerado los sueños como portales a otras dimensiones del ser, un medio de comunicación con aspectos más sutiles de la realidad e incluso una herramienta para alcanzar niveles superiores de consciencia. Cuando el soñador adquiere lucidez y dirige su experiencia con intención, puede sumergirse en este potencial transformador, accediendo a enseñanzas ocultas y expandiendo su comprensión sobre sí mismo y el universo.

Entre las experiencias más impactantes relatadas por quienes utilizan los sueños lúcidos para la exploración espiritual, destaca el encuentro con figuras de sabiduría. Estos personajes, a menudo descritos como maestros, guías o seres luminosos, parecen poseer un conocimiento que trasciende al propio soñador. El diálogo con estas entidades puede traer consejos profundos, respuestas enigmáticas o simplemente la sensación de un contacto con algo mayor. Además, muchos practicantes viven momentos de intensa paz y conexión, donde la sensación de individualidad se disuelve, dando paso a una percepción ampliada de la existencia. Esta experiencia de unidad, semejante a los estados meditativos más profundos, sugiere que los sueños pueden servir como un puente entre la mente personal y una consciencia mayor, ya sea interpretada como espiritual, cósmica o simplemente un nivel más profundo de la psique.

Otra faceta fascinante de la exploración espiritual en los sueños lúcidos es la sensación de atravesar portales y acceder a realidades desconocidas. Algunos soñadores describen la entrada a templos grandiosos, ciudades etéreas o paisajes de belleza indescriptible, que parecen contener una sabiduría silenciosa. Otros relatan encuentros con seres queridos ya fallecidos, experiencias que pueden proporcionar consuelo y claridad sobre la continuidad de la existencia. Cualquiera que sea la interpretación de estas vivencias —como manifestaciones del inconsciente, experiencias místicas o viajes a otros planos—, dejan huellas profundas en la percepción del soñador. De esta forma, los sueños lúcidos se convierten no solo en un espacio de exploración interior, sino también en una herramienta para expandir las fronteras de la realidad conocida, conduciendo al individuo a nuevas formas de comprenderse a sí mismo y al misterio de la existencia.

Una de las formas más comunes de búsqueda espiritual en los sueños lúcidos es el encuentro con guías o maestros. Muchas personas relatan que, al tomar consciencia dentro de un sueño, encuentran figuras que parecen poseer una sabiduría superior. Estos guías pueden aparecer en forma de ancianos, seres de luz, animales simbólicos o incluso figuras conocidas, como profesores y mentores. Para aquellos que desean vivir este tipo de experiencia, la clave está en la intención. Antes de dormir, es posible programar la mente para buscar un encuentro significativo dentro del sueño, formulando una petición clara, como: "Quiero encontrar un guía que pueda enseñarme algo importante". Al volverse lúcido, basta con reforzar esta intención y permitir que la experiencia se desarrolle naturalmente.

Otra experiencia frecuentemente relatada dentro de los sueños lúcidos espirituales es la sensación de unidad y disolución del ego. Algunos soñadores describen momentos en que toda la estructura del sueño desaparece, quedando solo una vastedad de luz, un sentimiento profundo de paz o una consciencia pura sin forma definida. Esta vivencia se asemeja a estados meditativos profundos y puede traer una sensación de conexión con algo mayor, independientemente de las creencias individuales del soñador. En tradiciones como el budismo tibetano, esta experiencia es considerada un vislumbre de la verdadera naturaleza de la mente, un estado más allá de las ilusiones y proyecciones del mundo material.

La posibilidad de utilizar los sueños lúcidos para buscar respuestas a cuestiones existenciales también es un aspecto fascinante de este viaje. Dentro del sueño, el soñador puede formular preguntas directamente al universo onírico, como: "¿Cuál es el propósito de mi vida?" o "¿Qué necesito aprender en este momento?". Las respuestas pueden surgir de maneras inesperadas, ya sea a través de las palabras de personajes, de símbolos o de eventos que ocurren a lo largo del sueño. Lo más interesante es que estas respuestas a menudo traen percepciones que el soñador quizás no podría acceder conscientemente en el estado de vigilia.

Algunas personas también relatan experiencias que interpretan como encuentros con seres queridos fallecidos. Dentro del sueño, estas figuras aparecen muchas veces llenas de paz y ofrecen mensajes de consuelo o despedida. Aunque existen diversas explicaciones posibles para este fenómeno —desde proyecciones del subconsciente hasta la posibilidad de un contacto genuino, dependiendo de las creencias de cada uno—, el hecho es que estas interacciones suelen ser emocionalmente impactantes y dejan una sensación duradera de conexión y entendimiento.

La sensación de atravesar portales o visitar otras realidades también es un tema recurrente entre aquellos que exploran los sueños lúcidos con una mirada espiritual. Algunas personas relatan entrar en templos grandiosos, ciudades desconocidas o paisajes que parecen existir más allá del mundo imaginado por el propio soñador. Hay relatos de encuentros con seres desconocidos, acceso a bibliotecas de conocimiento infinito o incluso experiencias de volar por el espacio, sintiéndose parte del universo. Para los que creen en realidades más allá de lo físico, estos viajes pueden ser interpretados como exploraciones de otros planos dimensionales. Para aquellos que prefieren una visión más psicológica, son manifestaciones profundas de la imaginación y la psique. Sea cual sea la interpretación, estas experiencias suelen dejar una impresión marcada en la mente del soñador.

La práctica de definir intenciones espirituales antes de dormir puede aumentar la frecuencia de este tipo de sueños. Rezar, meditar o simplemente mentalizar un deseo sincero de aprendizaje antes de adormecerse crea un estado mental propicio para que estas experiencias ocurran. Además, durante el sueño, cultivar una actitud de respeto y humildad ante los acontecimientos puede hacer que las interacciones sean más profundas y significativas.

Los sueños lúcidos ofrecen un territorio ilimitado para la exploración del yo interior y de las grandes preguntas de la existencia. Ya sea en la búsqueda de respuestas, en el encuentro con guías o en la experiencia directa de la consciencia pura, esta práctica permite al soñador expandir su percepción de la realidad y de lo que significa estar despierto, tanto dentro como fuera de los sueños. Lo que se encuentra en este espacio varía de acuerdo con la mente y las creencias de cada uno, pero una cosa es cierta: aquellos que se aventuran por este camino raramente regresan siendo los mismos.

Capítulo 30
El Yoga del Sueño Tibetano en la Práctica

La práctica del Yoga del Sueño, presente en las tradiciones tibetanas desde hace milenios, ofrece un profundo camino de autoconocimiento y desarrollo espiritual, que va mucho más allá de la simple experiencia de tener conciencia dentro de los sueños. A diferencia del enfoque moderno de los sueños lúcidos, que a menudo se centra en el control onírico y la exploración creativa, esta tradición enfatiza la lucidez como un medio para despertar a la verdadera naturaleza de la mente y de la realidad. En el budismo tántrico y en la tradición Bön, los sueños son vistos como manifestaciones de la propia conciencia, y aprender a navegar por ellos con atención plena puede llevar a la liberación de las ilusiones que limitan la percepción en el estado de vigilia. De esta forma, la práctica no solo mejora la claridad dentro de los sueños, sino que también fortalece la presencia y el discernimiento en la vida cotidiana, promoviendo un estado continuo de atención y sabiduría.

El fundamento del Yoga del Sueño reside en la comprensión de que la realidad despierta y los sueños comparten una característica esencial: ambos son impermanentes y moldeados por la mente. Así como aceptamos escenarios irreales durante el sueño sin cuestionarlos, a menudo reaccionamos mecánicamente a los eventos de la vida, atrapados en patrones automáticos de pensamiento y emoción. El entrenamiento onírico busca romper esta inconsciencia habitual, enseñando al practicante a reconocer la fluidez de la existencia y la naturaleza mutable de la experiencia. Al desarrollar lucidez en los sueños, la persona ejercita la capacidad de permanecer despierta también en la vigilia, percibiendo los acontecimientos con mayor claridad y reduciendo el sufrimiento causado por el apego y la aversión. Este proceso conduce a un estado de presencia ampliada, en el cual la realidad ya no es vivida como un flujo incontrolable de eventos, sino como un espacio de conciencia donde es posible actuar con mayor equilibrio y discernimiento.

Más allá de la mejora de la lucidez, la práctica implica una profundización progresiva en la exploración de la mente. Técnicas avanzadas incluyen disolver completamente el sueño para experimentar la conciencia pura, modificar deliberadamente la propia forma o interactuar con personajes oníricos como maestros espirituales. Estas experiencias se consideran preparaciones valiosas para el momento de la muerte, cuando, según las enseñanzas tibetanas, la conciencia entra en un estado intermedio semejante al sueño. Aquel que ha aprendido a mantener la lucidez en los sueños estaría más apto para atravesar esta transición con claridad y serenidad. Así, el Yoga del Sueño no es solo una práctica onírica, sino un camino hacia la iluminación, entrenando a la mente para reconocer su verdadera naturaleza y liberarse de las ilusiones que la atan al sufrimiento.

La base de esta tradición reside en la idea de que la realidad cotidiana no es tan diferente de los sueños. Así como en el estado onírico aceptamos escenarios irreales sin cuestionamiento, en el estado despierto a menudo reaccionamos de manera automática a los acontecimientos, sin percibir que estamos inmersos en una construcción mental. Al desarrollar lucidez en los sueños, el practicante entrena su mente para estar igualmente despierta en el día a día, reconociendo la impermanencia de las experiencias y la influencia de la propia mente sobre la realidad.

Los primeros pasos de esta práctica implican cultivar el recuerdo de los sueños y desarrollar la lucidez de manera sistemática. Técnicas como mantener un diario de sueños y realizar pruebas de realidad a lo largo del día son herramientas fundamentales para fortalecer la conciencia onírica. Además, las enseñanzas tibetanas enfatizan la importancia de cultivar una intención clara antes de dormir. Durante el período que precede al sueño, el practicante puede meditar sobre la impermanencia del mundo o repetir mentalmente un mantra, reforzando la determinación de reconocer el sueño cuando este ocurra.

Una vez lúcido dentro del sueño, la siguiente etapa de la práctica implica mantener la estabilidad y observar conscientemente los fenómenos oníricos sin dejarse llevar por distracciones o emociones intensas. En lugar de intentar controlar el sueño o moldearlo a la propia voluntad, se anima al practicante a permanecer consciente de la experiencia sin apegarse a ella, reconociendo su naturaleza ilusoria. Este proceso fortalece la capacidad de mantener un estado de presencia y atención plena, tanto en los sueños como en la vida despierta.

Otro aspecto importante del Yoga del Sueño es la experimentación deliberada con el ambiente onírico para profundizar en la comprensión de la mente. El practicante puede intentar atravesar objetos, cambiar de forma o incluso disolver completamente el escenario a su alrededor, observando lo que sucede cuando todas las imágenes desaparecen. En algunas tradiciones, se cree que esta disolución del sueño lleva a un estado de pura conciencia, semejante al que se experimenta durante la meditación profunda.

Además de la exploración de los sueños en sí, el Yoga del Sueño se conecta con una práctica más amplia que implica mantener un estado de lucidez a lo largo del día. El concepto de "soñar despierto" es fundamental dentro de esta tradición, animando al practicante a cuestionar constantemente la naturaleza de la realidad y a cultivar un estado de presencia continua. Este entrenamiento fortalece la conciencia no solo en los sueños, sino también en la vigilia, permitiendo que la mente se vuelva más clara y equilibrada ante los desafíos cotidianos.

Dentro del budismo tibetano, se cree que esta práctica también prepara a la mente para la muerte y el estado intermedio conocido como bardo. Así como en el sueño, la transición entre la vida y la muerte es vista como un momento de gran maleabilidad mental, donde la conciencia puede ser influenciada por hábitos y patrones profundos. Aquel que ha aprendido a mantener la lucidez en los sueños estaría, según esta visión, más preparado para atravesar esta transición con claridad y conciencia.

Los métodos del Yoga del Sueño involucran no solo técnicas prácticas, sino también un entrenamiento mental basado en la disciplina y la intención. Además de mantener un diario de sueños y establecer propósitos antes de dormir, el practicante puede adoptar ejercicios de visualización, imaginándose dentro de un sueño mientras está despierto, reforzando la conexión entre los estados de vigilia y sueño. La repetición de mantras específicos antes de adormecerse también es un elemento central de la tradición, ayudando a dirigir la mente hacia un estado de lucidez natural.

La aplicación de esta práctica en la vida cotidiana va más allá de los sueños lúcidos. El entrenamiento continuo para reconocer la naturaleza ilusoria de las experiencias lleva a una mayor ligereza ante los acontecimientos, reduciendo el sufrimiento causado por el apego y la aversión. La percepción de la vida como un sueño no significa negar su importancia, sino aprender a interactuar con ella de forma más consciente y equilibrada.

Aquellos que se dedican a esta disciplina frecuentemente reportan un aumento en la claridad mental, la intuición y la sensación de conexión con algo mayor. Ya sea vista como una práctica espiritual o simplemente como una manera de profundizar la comprensión sobre la mente, lo cierto es que el Yoga del

Sueño ofrece un camino único para expandir la conciencia y transformar la manera en que vivimos tanto dentro de los sueños como fuera de ellos.

Capítulo 31
Experiencias Fuera del Cuerpo

Las experiencias fuera del cuerpo representan uno de los fenómenos más intrigantes en la exploración de la conciencia humana, desafiando las fronteras entre la percepción subjetiva y la realidad objetiva. Relatos a lo largo de la historia, provenientes de diversas tradiciones espirituales e investigaciones modernas, indican que la conciencia puede disociarse temporalmente del cuerpo físico, permitiendo al individuo una sensación vívida de desplazamiento hacia diferentes entornos, dimensiones o estados de existencia. Esta vivencia singular se describe a menudo con un realismo impresionante, proporcionando una percepción sensorial nítida y, con frecuencia, un profundo impacto emocional y filosófico. Mientras que algunas personas experimentan esta separación de forma espontánea, otras buscan métodos específicos para inducirla, ya sea a través de técnicas meditativas, relajación profunda o prácticas relacionadas con los sueños lúcidos. El fascinante atractivo de este fenómeno reside tanto en la experiencia en sí misma como en sus implicaciones, que desafían concepciones establecidas sobre la mente, la conciencia y la propia naturaleza de la realidad.

La distinción entre proyección astral y estados oníricos avanzados, como el sueño lúcido, es un tema ampliamente debatido entre estudiosos del tema y practicantes experimentados. Mientras que los sueños lúcidos ocurren dentro de un contexto onírico reconocidamente moldeado por el subconsciente, las experiencias fuera del cuerpo se describen a menudo como eventos de percepción ampliada, en los que el individuo tiene la clara impresión de estar interactuando con un ambiente independiente de su propia mente. Muchos relatan observar su cuerpo dormido desde un punto de vista externo, desplazarse por espacios familiares o desconocidos y, en algunos casos, encontrarse con presencias o entidades que aparentan tener existencia propia. Estas descripciones llevan a algunos investigadores a considerar la posibilidad de que el fenómeno sea más que una construcción cerebral, sugiriendo que podría involucrar aspectos aún no comprendidos de la conciencia humana. Sin embargo, la ciencia tradicional tiende a explicar estas vivencias como manifestaciones de estados alterados de percepción, influenciadas por procesos neurológicos como la parálisis del sueño, las alucinaciones hipnagógicas y las dinámicas del córtex cerebral durante la transición entre la vigilia y el sueño.

Independientemente de las explicaciones, la experiencia subjetiva de las proyecciones fuera del cuerpo tiene un impacto profundo en aquellos que la viven. Muchos reportan un intenso sentido de libertad, una expansión de la percepción y, en algunos casos, transformaciones en su visión del mundo y creencias personales. Para algunos, la proyección astral representa un viaje espiritual genuino, un medio para acceder a conocimientos ocultos o para explorar realidades más allá del plano físico. Para otros, se trata de un campo de exploración psicológica, donde el estudio de la conciencia revela nuevas capas de la mente humana. Sea cual sea la interpretación, las experiencias fuera del cuerpo continúan intrigando, inspirando y desafiando la comprensión convencional de la realidad, incentivando a aquellos que se interesan por el tema a profundizar en su investigación y práctica, explorando los misterios de la conciencia con mente abierta y discernimiento crítico.

La principal diferencia entre los sueños lúcidos y las experiencias fuera del cuerpo radica en la percepción de la realidad durante el evento. En el sueño lúcido, el soñador se da cuenta de que está soñando, pero generalmente reconoce que el entorno que le rodea es una creación del subconsciente. En la proyección astral, la sensación suele ser de total separación del cuerpo físico, acompañada de una nitidez sensorial intensa y de la impresión de estar en un ambiente que existe independientemente de la mente del proyectante. Este estado a menudo comienza con sensaciones peculiares, como vibraciones por el cuerpo, un zumbido en los oídos o la impresión de estar siendo arrastrado fuera de sí mismo.

Muchos relatos de proyección astral comienzan en la fase intermedia entre el sueño y la vigilia, especialmente cuando la persona se despierta en medio de la noche, pero mantiene el cuerpo relajado e inmóvil. Sensaciones de flotación, parálisis temporal o incluso la impresión de estar girando sobre su propio eje son comunes antes de la supuesta separación de la conciencia. Algunos describen un momento de transición donde se sienten levantándose de la cama y observando su propio cuerpo dormido, lo que refuerza la creencia de que están, de hecho, fuera del cuerpo físico.

Una de las mayores dificultades para quienes buscan este tipo de experiencia es el miedo. La sensación de desprendimiento puede ser intensa e inesperada, llevando a muchos a despertarse abruptamente antes de completar la separación. El miedo a no poder regresar al cuerpo o a encontrarse con presencias desconocidas puede bloquear el proceso. Sin embargo, aquellos que profundizan en esta práctica a menudo relatan que la experiencia es segura y controlable, y que basta la intención de volver al cuerpo para que esto ocurra instantáneamente.

La navegación durante la proyección astral se describe como diferente a la de los sueños lúcidos. Muchos afirman que, en lugar de caminar o manipular el escenario conscientemente, se desplazan a través de la intención, bastando con pensar en un destino para ser transportados hasta él. Algunos describen visitas a lugares conocidos, mientras que otros afirman acceder a entornos desconocidos, como ciudades misteriosas, templos o paisajes interdimensionales. También hay relatos de encuentros con entidades o seres que parecen tener conciencia propia, lo que plantea interrogantes sobre la naturaleza del plano en el que se encuentran.

Las interpretaciones sobre la proyección astral varían ampliamente. Algunas tradiciones espirituales afirman que la conciencia realmente se separa del cuerpo físico y viaja a otros planos de la existencia. Desde el punto de vista científico, existen explicaciones alternativas, como la hipótesis de que estas experiencias sean estados alterados de conciencia generados por el cerebro, similares a alucinaciones hipnagógicas o a una forma avanzada de sueño lúcido. Estudios sugieren que ciertas áreas del cerebro relacionadas con la percepción del espacio y del cuerpo pueden crear la ilusión de estar fuera de sí, especialmente en estados de relajación profunda o durante la parálisis del sueño.

Independientemente de la explicación, lo que importa para el practicante es la experiencia en sí misma. Muchos relatan que las proyecciones traen consigo un profundo sentido de libertad, introspección y expansión de la conciencia. Para aquellos que desean experimentar este fenómeno, se pueden aplicar algunas técnicas. Mantener la calma al sentir las vibraciones iniciales, evitar mover el cuerpo físico al percibir la transición y enfocarse en la intención de proyectarse son prácticas recomendadas. Además, la visualización de un lugar deseado o la repetición de una orden mental, como "Ahora voy a proyectarme", pueden ayudar a inducir la experiencia.

Aquellos que exploran los sueños lúcidos a menudo se preguntan si las experiencias fuera del cuerpo son solo un nivel más profundo de la lucidez onírica o si, de hecho, representan algo más. Aunque no hay un consenso definitivo, la realidad es que ambos fenómenos pueden ser entrenados y mejorados, permitiendo que el practicante expanda su percepción y descubra, por cuenta propia, los límites y las posibilidades de la conciencia. Lo importante es mantener una mente abierta, registrar las experiencias y explorar este territorio desconocido con curiosidad y discernimiento, permitiendo que cada viaje ofrezca nuevos aprendizajes e *insights* sobre la propia naturaleza de la realidad.

Capítulo 32
Integrando Sueño y Realidad

La consciencia despierta alcanza su máximo potencial cuando trasciende los límites del sueño y se expande hacia la vigilia, transformando la percepción cotidiana en un estado continuo de lucidez. Esa misma mirada inquisitiva que hace posible la experiencia de los sueños lúcidos puede dirigirse hacia la realidad despierta, promoviendo una comprensión más profunda de la propia existencia. La vida, a menudo vivida de manera automática, se convierte en un campo de exploración activa, donde cada momento encierra un significado más rico y cada experiencia puede ser moldeada por la atención consciente. Integrar la lucidez de los sueños en el día a día significa vivir con mayor presencia, reconocer patrones automáticos de pensamiento y desarrollar una relación más intencional con la propia mente. Este proceso posibilita no solo una ampliación de la percepción, sino también una transformación genuina en la forma en que interactuamos con el mundo.

La relación entre sueño y realidad es más fluida de lo que aparenta, pues ambos son construcciones de la consciencia y dependen de la forma en que son interpretados. En el estado onírico, la mente crea escenarios y eventos de manera espontánea, respondiendo a las emociones y a los pensamientos del soñador. Del mismo modo, en el estado de vigilia, las percepciones son filtradas por creencias, expectativas y condicionamientos internos, moldeando la experiencia de cada individuo. Al percibir esta influencia de la mente sobre la realidad, se vuelve posible cuestionar patrones automáticos y adoptar una postura más activa ante la vida. Pequeños cambios de percepción pueden modificar la manera en que se enfrentan los desafíos, cómo se viven las relaciones interpersonales y cómo se revela el propio sentido de la existencia. Cuando la lucidez sobrepasa los límites del sueño e impregna lo cotidiano, la experiencia de la realidad se torna más plástica, dinámica y accesible a la influencia consciente.

    La integración entre lucidez onírica y consciencia despierta no significa solo reconocer semejanzas entre sueño y vigilia, sino utilizar los aprendizajes adquiridos en los sueños lúcidos para transformar la manera de vivir. El sentido de control y creatividad experimentado en los sueños puede aplicarse en la búsqueda de soluciones innovadoras, en la superación de bloqueos emocionales y en la construcción de una vida más auténtica y significativa. La práctica de cuestionar la realidad, de mantener la atención plena y de observar la propia mente sin identificarse con pensamientos automáticos posibilita un estado de presencia continuo. La vida, antes percibida como rígida y previsible, se revela maleable y repleta de posibilidades, permitiendo que cada individuo asuma un papel más consciente en la construcción de su propia jornada.

La mayoría de las personas vive en piloto automático, reaccionando a los acontecimientos sin cuestionar profundamente la naturaleza de sus experiencias. Del mismo modo que en los sueños aceptamos eventos absurdos sin cuestionarlos, en la vida despierta frecuentemente pasamos por situaciones sin prestar realmente atención, absortos en pensamientos automáticos y distracciones. La práctica de la lucidez propone un enfoque diferente, basado en la atención plena y en el reconocimiento de la impermanencia de las experiencias.

Uno de los primeros pasos para integrar las enseñanzas de los sueños lúcidos en la vigilia es cultivar la misma curiosidad y sentido crítico que despiertan la consciencia dentro de los sueños. Preguntarse regularmente "¿estoy soñando?" a lo largo del día no solo aumenta la probabilidad de adquirir lucidez en los sueños, sino que también enseña a la mente a observar la realidad con mayor claridad. Esta práctica desarrolla un estado de presencia más profundo, donde cada momento es vivido de forma más consciente y deliberada.

La observación de los patrones mentales y emocionales también es una herramienta esencial para vivir de forma más lúcida. En los sueños, las emociones influyen directamente en el escenario y los acontecimientos. Del mismo modo, en la vigilia, los pensamientos y estados emocionales moldean la percepción de la realidad. Una persona que se ve constantemente envuelta en pensamientos negativos o ansiosos experimentará un mundo filtrado por esas emociones. Desarrollar la capacidad de reconocer y cuestionar estos patrones permite una mayor libertad y control sobre cómo se responde a los desafíos de la vida.

La creatividad y la flexibilidad mental cultivadas en los sueños lúcidos también pueden llevarse a la vigilia. En el mundo onírico, el soñador descubre que puede alterar escenarios, superar obstáculos y crear experiencias imposibles. Aunque las leyes del mundo físico sean más rígidas, la mente continúa siendo la principal herramienta de interpretación de la realidad. Cuando se aprende a ver la vida como un espacio de experimentación, se vuelve más fácil encontrar soluciones innovadoras para los problemas, lidiar con los cambios de forma más adaptable y vislumbrar oportunidades donde antes había limitaciones.

La práctica de la gratitud y la apreciación por el momento presente también se fortalece con el entrenamiento de la lucidez. Muchas personas que comienzan a tener sueños lúcidos relatan una nueva admiración por el mundo despierto, percibiendo detalles antes ignorados, sintiendo colores más vivos y conectándose con las pequeñas maravillas de lo cotidiano. Este estado de presencia y encanto puede ser cultivado conscientemente, haciendo que cada experiencia sea más significativa.

Otro aspecto importante de la vida lúcida es el autoconocimiento. Los sueños revelan mucho sobre la psique, sacando a la luz deseos, miedos y patrones internos. Del mismo modo, la vigilia puede ser usada como un espejo para entender mejor quiénes somos. Observar reacciones, analizar pensamientos recurrentes y buscar la causa de las emociones puede conducir a un nivel más profundo de comprensión y transformación personal.

La idea de que la realidad es tan maleable como los sueños no significa que el mundo físico pueda ser manipulado de la misma forma que un escenario onírico, sino que la percepción de la vida puede ajustarse conforme la consciencia se expande. Cuando una persona percibe que su mente influye directamente en su experiencia del mundo, se vuelve más responsable de su propia realidad, aprendiendo a dirigir su atención y energía hacia aquello que desea crear.

Vivir lúcidamente no significa solo buscar experiencias extraordinarias en los sueños, sino despertar a la profundidad y riqueza de la propia existencia. Cada momento puede ser vivido con mayor presencia, cada desafío puede ser encarado con mayor consciencia y cada elección puede ser hecha de forma más alineada con aquello que realmente importa. La práctica de los sueños lúcidos es una invitación a contemplar la vida de manera más despierta, reconociendo que, así como en los sueños, somos los creadores de nuestra propia jornada.

Capítulo 33
Dominio de los Sueños y Próximos Pasos

La exploración de los sueños lúcidos alcanza su verdadero significado cuando se transforma en un viaje continuo de autodescubrimiento, trascendiendo la mera curiosidad para convertirse en una poderosa herramienta de crecimiento personal. La consciencia adquirida en los estados oníricos no solo revela los mecanismos ocultos de la mente, sino que también enseña valiosas lecciones sobre percepción, control y la naturaleza de la realidad. Con cada experiencia lúcida, el practicante profundiza su relación con el subconsciente, desbloquea potenciales creativos y expande su comprensión del yo. El dominio de los sueños no es un objetivo a alcanzar, sino un proceso en constante evolución, donde cada noche representa una nueva oportunidad de aprendizaje y experimentación. En lugar de encarar el dominio de los sueños como un fin, se debe ver como una invitación a explorar los misterios de la consciencia con curiosidad, disciplina y apertura a lo inesperado.

La práctica continua de la lucidez onírica exige un equilibrio entre técnica y espontaneidad, permitiendo que la experiencia se desarrolle naturalmente sin imposiciones rígidas. Mantener un diario de sueños sigue siendo una estrategia esencial, pues ayuda a fortalecer la memoria onírica y a identificar patrones que pueden ser utilizados para inducir la lucidez. Además, cultivar la atención plena en la vigilia refuerza el hábito de cuestionar la realidad, ampliando la capacidad de reconocer los momentos en que se está soñando. Para aquellos que buscan profundizar sus conocimientos, el intercambio de experiencias con otros soñadores lúcidos puede ofrecer nuevas perspectivas y motivación para seguir avanzando. Foros, grupos de estudio y relatos compartidos ayudan a diversificar enfoques y a superar desafíos comunes en la jornada de la lucidez.

Los caminos para explorar el potencial de los sueños lúcidos son variados y adaptables a los intereses individuales. Algunos pueden utilizarlos como fuente de inspiración artística, transformando imágenes y narrativas oníricas en música, pintura o literatura. Otros pueden enfocarse en la aplicación terapéutica, explorando traumas y desafíos emocionales en un ambiente seguro y maleable. Hay incluso quienes ven los sueños lúcidos como una herramienta espiritual, un medio para acceder a estados expandidos de consciencia y profundizar su conexión con aspectos más sutiles de la existencia. Independientemente del propósito, la experiencia de la lucidez en los sueños trasciende la noche, influenciando directamente la forma en que se vive el día. La consciencia adquirida en el mundo onírico se refleja en la realidad despierta, haciéndola más vibrante, significativa y susceptible de transformación. El soñador que comprende esta conexión percibe que la verdadera maestría no está solo en controlar los sueños, sino en utilizar ese conocimiento para despertar, de forma más profunda, a la propia vida.

El dominio de los sueños no es un destino final, sino un proceso continuo de descubrimiento. Cada noche trae nuevas oportunidades para explorar la mente y profundizar la conexión con el subconsciente. Algunas personas tendrán facilidad para alcanzar la lucidez frecuentemente, mientras que otras necesitarán más tiempo para perfeccionar sus habilidades. Lo esencial es mantener la práctica viva, incluso en los periodos en que los sueños lúcidos parezcan menos frecuentes. La constancia es la clave para hacer de la lucidez un fenómeno natural y recurrente.

Mantener un diario de sueños seguirá siendo uno de los hábitos más valiosos en esta jornada. El simple acto de registrar las experiencias nocturnas fortalece la memoria onírica y permite reconocer patrones recurrentes, facilitando la inducción de la lucidez. Además, revisar registros anteriores puede brindar *insights* valiosos sobre cambios emocionales y psicológicos a lo largo del tiempo, transformando el diario de sueños en un verdadero mapa de la mente subconsciente.

El desarrollo de la atención plena en la vida despierta también sigue siendo un factor esencial para la evolución de la práctica. Cuanto más consciente se esté durante el día, más fácil será transportar esa claridad al estado onírico. La práctica de la presencia, de la observación de los pensamientos y del cuestionamiento de la realidad no solo aumenta la frecuencia de los sueños lúcidos, sino que también mejora la calidad de vida, reduciendo la sensación de vivir en piloto automático y aportando más significado a las experiencias cotidianas.

Para aquellos que desean profundizar aún más sus estudios, explorar comunidades de soñadores lúcidos puede ser una experiencia enriquecedora. Foros, grupos de discusión y encuentros sobre el tema reúnen a personas que comparten el mismo interés y que pueden ofrecer consejos, relatos y nuevas perspectivas sobre la práctica. Compartir experiencias y aprender de otros practicantes ayuda a mantener la motivación y a descubrir enfoques que quizás no se hayan considerado antes.

La exploración de los sueños puede seguir por diferentes caminos, dependiendo de los intereses de cada uno. Algunos pueden desear enfocarse en la creatividad, usando los sueños lúcidos como fuente de inspiración para proyectos artísticos, musicales o literarios. Otros pueden profundizar el aspecto terapéutico, trabajando emociones reprimidas y usando el ambiente onírico para superar miedos y desafíos internos. Hay incluso quienes se sienten atraídos por la dimensión espiritual de la experiencia, utilizando los sueños lúcidos como un medio de meditación avanzada, búsqueda de significado o incluso exploración de estados alterados de consciencia.

Independientemente del objetivo, el enfoque más eficiente es siempre aquel que equilibra disciplina y ligereza. Forzar la lucidez o transformar los sueños en una obligación puede crear ansiedad y perjudicar la experiencia. El mejor camino es mantener una actitud de curiosidad y experimentación, permitiendo que los sueños se desarrollen naturalmente mientras se aplican las técnicas aprendidas. Algunas noches serán más intensas y llenas de lucidez, otras traerán poca o ninguna recordación, pero cada una de ellas forma parte del proceso de perfeccionamiento.

La conexión entre los sueños y la vida despierta se vuelve cada vez más evidente conforme la práctica avanza. Así como en el mundo onírico, donde la consciencia permite modificar escenarios e interactuar con los eventos de forma activa, la realidad despierta también puede ser transformada a medida que se desarrolla mayor control sobre pensamientos, emociones y acciones. La percepción de la vida como un flujo dinámico de posibilidades se fortalece, permitiendo que cada persona se convierta no solo en un maestro de sus propios sueños, sino también en un creador consciente de su propia realidad.

El viaje hacia el dominio de los sueños apenas está comenzando. Cada noche es una nueva oportunidad de explorar, aprender y crecer. Cada despertar, una oportunidad de aplicar las enseñanzas adquiridas en los sueños para vivir con más presencia y autenticidad. El camino continúa, y el soñador que ha comprendido su potencial nunca más verá sus propios sueños —y su propia vida— de la misma forma.

Epílogo

¿Y entonces, qué queda cuando las luces del sueño se apagan y los ojos despiertan a la vigilia? ¿Qué permanece cuando el universo onírico se disuelve en lo etéreo y regresamos al escenario familiar de la realidad despierta?

Has emprendido un viaje profundo por el vasto territorio de la consciencia. Has viajado por los misterios de los sueños lúcidos, explorado las técnicas de los antiguos y de la ciencia moderna, aprendido a distinguir la ilusión de la realidad y, quizás, hayas sentido en carne propia el éxtasis incomparable de despertar dentro de un sueño. Pero ahora, al llegar al final de estas páginas, la pregunta que resuena no es sobre lo que se ha aprendido, sino sobre lo que se hará con ese conocimiento.

Los sueños siempre han estado ahí, susurrando verdades ocultas mientras dormías. Pero ahora, puedes verlos con nuevos ojos. Ahora, sabes que no son solo imágenes efímeras que se disuelven al amanecer. Son espejos, portales, herramientas poderosas que moldean no solo las noches, sino también los días. Pues lo que sucede en el reino onírico no permanece aislado — reverbera en el núcleo de la mente, reconfigura creencias, deshace miedos y abre puertas a una comprensión más profunda de quiénes somos.

Aquel que domina sus sueños no solo controla una fantasía nocturna —moldea su propia realidad. Pues la mente que despierta dentro del sueño es la misma que despierta a la vida. Si en los sueños podemos desafiar las leyes de la física, trascender limitaciones y manifestar la voluntad, ¿entonces qué nos impide aplicar ese mismo principio al mundo despierto?

El límite siempre ha estado en la creencia.

Y la creencia puede ser transformada.

La comprensión del universo onírico nos enseña que la realidad es más flexible de lo que imaginamos. Que aquello que juzgamos inmutable puede, en realidad, ser moldeado. Si dentro de un sueño lúcido podemos aprender a transformar el miedo en coraje, la duda en convicción y la huida en dominio, entonces, ¿por qué no podemos hacer lo mismo con nuestras vidas?

La práctica del sueño lúcido no es solo una herramienta para vivir aventuras imposibles, sino un entrenamiento para la consciencia. Es una expansión del ser, una invitación a cuestionar las limitaciones autoimpuestas, una oportunidad para integrar la vigilia y el sueño en un estado de atención plena continuo. Cuando comprendemos que somos creadores dentro del sueño, comenzamos a sospechar que también somos creadores fuera de él.

Y esa es la gran revelación.

La barrera entre lo real y lo ilusorio es más tenue de lo que pensamos. Así como aprendemos a cuestionar la naturaleza de los sueños, podemos aprender a cuestionar las historias que nos contamos sobre nuestra propia existencia. Lo que aceptamos como verdad absoluta puede ser tan mutable como un escenario onírico. Lo que nos dijeron que era imposible puede revelarse solo como una creencia mal dirigida.

Ahora posees las llaves. Sabes cómo despertar en el sueño y asumir el control. Pero hay un despertar aún mayor esperándote: aquel que sucede dentro de la propia vida.

La realidad no es fija.
La mente es infinita.
Y el sueño...
El sueño nunca termina.
Se desdobla cada noche, a cada pensamiento, a cada elección. Continúa, ya sea mientras duermes, ya sea mientras caminas por el mundo despierto. Pues aquellos que aprenden a soñar conscientemente también aprenden a vivir conscientemente.

Y este es solo el comienzo.

www.ingramcontent.com/pod-product-compliance
Lightning Source LLC
LaVergne TN
LVHW040054080526
838202LV00045B/3634